Siegfried Unseld
Eberhard Fahl'

Uwe Johnson:
»Für wenn ich tot bin«

Suhrkamp

Schriften
des Uwe Johnson-Archivs
Band 1

351840301X

Dritte Auflage 1992
© Suhrkamp Verlag 1991
Alle Rechte vorbehalten
Druck: Wagner GmbH, Nördlingen
Printed in Germany

»Wenn es einen Trost gibt«,
sagte Uwe Johnson
in seiner Trauerrede auf den Präsidenten
der Berliner Akademie der Künste,
Werner Düttmann, 1983,
»wenn es einen Trost gibt,
wir können ihn beziehen von dem Menschen,
dessen wir gedenken.«

Siegfried Unseld
Uwe Johnson:
»Für wenn ich tot bin«

Am 28. September 1970 widmete Uwe Johnson mir den ersten Band der *Jahrestage*. »Meinem Freund, Leser, Verleger«. Der zweite Band erschien im Oktober 1971, der dritte im Oktober 1973, der Klappentext dieses dritten Bandes vermerkt etwas keck: »Nächstes Jahr, wie üblich, mehr.« Aus einem nächsten Jahr wurden zehn Jahre. Erst am 5. Oktober 1983 konnte der vierte und abschließende Band erscheinen. Am 16. Oktober »feierten« wir in Frankfurt den Abschluß der Tetralogie. In mein Gästebuch trug Johnson ein: »Bestellung auf ›Jahrestage‹ erhalten und bewußt seit 1970/ ›Jahrestage 4‹ (Schluß, Ende) abgeliefert 1983. Mit Dank für Freundschaft und Geduld«. Er widmete mir die Buchausgabe mit dem Eintrag: »Hiervor war eine Pause. Ich bin froh, daß wir sie be[und über-]standen haben. Yours truly«. Nun wissen wir, daß er die »Pause« doch nicht gesund überstanden hatte. Wie erklärt sich diese Pause, »die Herzgeschichte«, diese »Beschädigung der Herzkranzgefäße«, dieser »writer's block«, diese Schreibhemmung?
Im Oktober 1974 waren die Johnsons in Sheerness-on-Sea, auf der Insel Sheppey an der Themse-Mündung, in das Haus 26 Marine Parade gezogen. Wie man dort hinkommt, das hat Johnson in einem Brief an einen Freund selbst am eigenwilligsten beschrieben: »Sie wollen zur Victoria Station. Sie können ein Taxi rufen lassen. Sie können aber auch die Dover Street nach Süden hinuntergehen auf den Piccadilly, dann sich rechts halten, bis vor Ihnen der Eingang zur Underground-Station Green Park sich anbietet. In diesem Bahnhof nehmen Sie einen nach Süden gehenden Zug der Victoria-Linie und sind auf der nächsten Station im Bahnhof Victoria. Wo da ›Tickets‹ angeschrieben steht, stellen Sie sich hübsch in die Reihe wie die anderen auch und verlangen am Ende ein ›day return to Sheerness-on-Sea‹. Kostet ne Stange Geld. Nun suchen Sie sich auf

LIEBER SIEGFRIED –
HIER VOR WAR EINE
PAUSE.
ICH BIN FROH, DAß
WIR SIE BE-
<UND ÜBER- >
STANDEN HABEN.

YOURS, TRULY,

UJ.

<OKT. 1983>

Widmung des vierten Bandes der *Jahrestage* von
Uwe Johnson an Siegfried Unseld

der großen Anzeigetafel die Züge nach Ramsgate oder Dover. Solche fahren zweimal in der Stunde ab, da können Sie sich dann einen aussuchen. Nach einer Stunde Fahrt, ungefähr, wollen Sie bitte in Sittingbourne umsteigen. Auf dem Gleis gegenüber fährt die Stichbahn nach Sheerness, noch einmal siebzehn Minuten. Von Sheerness nach London fährt der letzte Zug kurz nach zweiundzwanzig Uhr.« Ich besuchte die Johnsons bald nach ihrem Einzug. Johnson holte mich am Bahnsteig ab. Wir gingen die zehn Minuten zu Fuß zum Haus. Es erinnerte mich sogleich an das Haus, in dem Jakob Abs wohnt in den *Mutmaßungen über Jakob*: »Jakob hatte ein möbliertes Zimmer zur Miete in einem der schmalbrüstigen, überhohen Häuser am Hafen.« Ein solches schmalbrüstiges und über-

Blick von Uwe Johnsons Haus in Sheerness-on-Sea auf die Themse-Mündung

höht wirkendes Haus war 26 Marine Parade. Damals, bei meinem ersten Besuch, gab es am Ufer noch nicht jene hohe Wallmauer, die zwar die Häuser der Marine Parade vor Sturmfluten schützt, ihren Bewohnern aber, vor allem aus den niedrig gelegenen Zimmern heraus, jegliche Sicht auf die Themse versperrt. Damals hatte man noch von zwei Stockwerken aus den vollen Blick auf den Fluß. Freilich konnte man von diesem Fenster aus im Blick auf die wie ein riesiger See sich darbietende Themse-Mündung die Bedrohung erahnen, die Uwe Johnson in seinem so überaus präzisen Bericht *Ein Schiff* wiedergegeben hatte: »Am Grunde der Themse lag ein Schiff voll mit Fässern und Granaten und im Laufe der Zeit werden Fässer und Granaten durch das Wasser angegriffen sein und eine große Explosion auslösen.«
Uwe Johnson antwortete mir auf eine nicht gestellte, aber vorherrschende Frage: Warum Sheerness, warum dieses Haus? Sheerness sei leicht zu erklären. Er wolle, daß seine Tochter Katharina nach dem gemeinsamen USA-Aufenthalt weiterhin in einer englischspra-

»...auf dem Kamm des Heidberges, wo ein Abhang sich öffnet,
güstrower Kindern wohlbekannt als Schlittenbahn, auch dem
Auge freien Weg öffnend über die Insel im See und das hinter dem
Wasser sanft ansteigende Land, besetzt mit sparsamen Kulissen
aus Bäumen und Dächern, leuchtend, da die Sonne gerade düstere
Regenwolken hat verdrängen können; welch Anblick mir möge
gegenwärtig sein in der Stunde meines...Sterbens.«

chigen Umgebung aufwachsen sollte. Ein College in London sei für
ihn zu teuer, er habe eines südlich von London gefunden, und dazu
fand er nun in Sheerness-on-Sea dieses Haus. Ich kann mir vorstellen, daß eine andere Erinnerung noch bestimmender war: die Erinnerung an Mecklenburg, an die Mecklenburgische Seenplatte, an
den »Insel-See von Güstrow«. In die *Jahrestage* hat er später seine
Erinnerung an den Kamm des Güstrower Heidberges eingetragen:
»An die Insel im See und das hinter dem Wasser sanft ansteigende

Land...: welch Anblick mir möge gegenwärtig sein in der Stunde meines Sterbens.« Für Uwe Johnson war solche Landschaft unentbehrlich, und so wollte und konnte ich seine Entscheidung, an einem so abgelegenen Ort zu wohnen, verstehen. Es gab nur zwei Zimmer mit einer Aussicht: das Wohnzimmer und dann ein kleines Zimmer, das über dem Wohnzimmer lag. Ich hätte mir dieses kleine ausgesucht, zum Leben und zum Arbeiten. Aber eben dieses Zimmer hatte er seiner Tochter Katharina vorbehalten. Er nahm für sein Arbeiten ausschließlich mit dem Kellerzimmer vorlieb. Unentbehrlich schien ihm dies Haus als sein Schreibtisch, Arbeitsquartier, Residuum. Nur hier glaubte er, die *Jahrestage* vollenden zu können. Er hatte seine Schreibstube in zwei großen Kellerräumen eingerichtet. Noch einmal mußte ich an Jakob Abs denken: Abs »saß hinter verschlossener Tür, ohne sich umzusehen, in seinem Turm und redete in die Welt, verzeichnete die entfernteren Geschehnisse, die unablässig dahingingen«.

In den ersten Monaten nach dem Einzug schienen ihn die Erinnerungen an die Heimat durchaus zu beflügeln. Noch hatte die Pause nicht begonnen. Noch galt, was Elisabeth und Uwe Johnson im Februar 1962 in mein Gästebuch eingetragen hatten: »...und bedanken uns für die Beihilfe zur Eheschließung.« Im Juni 1975 trat dann jener »befristete Zufall« ein, der alles wie ein Blitzschlag änderte. Uwe Johnson glaubte, die schon vor der Hochzeit vorhandene Beziehung seiner Frau zu einem angeblichen Angehörigen des tschechischen Staatssicherheitsdienstes zu entdecken. Damit war sein Lebensentwurf »von einer Liebe sonder Vorbehalt« zerstört, das »vorrätige Material... Erfahrungen aus zwanzig Jahren« vernichtet, und in die »Vorräte der Erinnerung« war eine »Sperre eingestanzt«, die ihm von nun an meldete: »Unwahr. Falsch. Vergiftet. Entwertet. Ungültig.« Die Pause begann. Noch versuchten die Johnsons, ihr Geheimnis für sich zu behalten, ihre Not für sich aufzuarbeiten und »das Zusammenleben fortzuführen«. Es kam der Punkt, da er sich seinen Freunden erklären mußte, daß in jenem »Betriebsunfall« mehr verborgen war. Als das Private öffentlich wurde, schien für ihn die Trennung unvermeidlich, und er berief sich dabei auf den Baron Instetten in Fontanes *Effi Briest*. Seine Frau zog im April 1978 aus dem gemeinsamen Haus aus, später dann auch die Tochter; beide bezogen ein Haus ganz in der Nähe, nur ein paar Straßenzüge entfernt.

Als ich Uwe Johnson im Herbst 1978 besuchte, sagte er mir, er wünsche nicht mehr, daß irgendeine Frau, wer auch immer sie sei, die Schwelle seines Hauses überschreite.

Meine Aufgabe war ab diesem Zeitpunkt klar, ich hatte nur eine einzige. Ich mußte Vorbedingungen schaffen, die diesem Schriftsteller wieder das ermöglichten, was seine Sache war, das Schreiben. War nach diesem »Betriebsunfall« Sheerness noch der richtige Arbeitsplatz? Er bejahte es. Ich habe ihm in den folgenden Jahren immer wieder ein deutsches Domizil vorgeschlagen, Überlegungen, Angebote, Möglichkeiten für Deutschland in Beziehung zur Berliner Akademie, der Akademie für Sprache und Dichtung in Darmstadt erwogen und ihm die Möglichkeit, als Stadtschreiber von Bergen-Enkheim gewählt zu werden, vorgeschlagen. Dies alles sollte, wenn es einzurichten wäre, auf das Jahr 1985 verschoben werden, denn am 1. Juli 1984 wollte er für ein Jahr nach New York. Danach aber sollte ein deutscher Wohnort in Betracht kommen. In Köln, bei der Entgegennahme des Kölner Literaturpreises am 7. November 1983, erklärte er seine Präferenz für Berlin:

»Wer damals einen mit Scheuklappen bewehrten Alltag abgab gegen einen im westlichen Berlin, er glaubte da bei fast jedem Gang auf die Straße sich angereichert um Erlebnis, um Erfahrung. Aber die Zeitläufte waren ungünstig beschaffen für Seßhaftige; eine andere Stadt, Paris oder New York City, wird dergleichen Überwältigung ersetzen, auch übertreffen. Ebenso die Ausstattung durch Nachbarschaft, die Geschenke aus der lokalen Folklore, sie können anderswo auch verdient werden. Nur, wer einmal in Berlin angefangen hat zu schreiben, er wird

nach dem Umzug den Blick über den Arbeitstisch hinweg –
oberhalb der Dächer zur Gedächtnis-Ruine, unter Kastanien in
Friedenau – vermissen und danach suchen wie Unentbehrli-
chem. Auch hier übt Heimweh sich an der Einsicht, daß man
zum Schreiben hätte sollen bleiben in Berlin.«

Das Problem des Wohnens war auch eines der Finanzen. Das Haus
26 Marine Parade war zwar Johnsons Eigentum, aber durch Hypo-
theken (vielfacher Art) belastet. Seine Honorareinnahmen waren in
diesen Jahren gering, so wuchs sein Soll-Konto beim Verlag be-
trächtlich an, was ihn bedrückte und immer wieder zu Vorschlägen
veranlaßte, wie dies geändert werden könnte. Von mir erfuhr er
stets die Zuversicht, daß der Ausweis seines Kontos für mich keine
Rolle spiele, ja, daß ich sicher sei, sein Konto würde ausgeglichen,
wenn einmal der vierte Band endlich vorläge und wir dann auch
Bestellungen auf das Gesamtwerk der Bände 1–4 der *Jahrestage*
ausführen könnten.
Was aber konnte und sollte er schreiben, nachdem es ihm nun
einfach nicht möglich war, die Arbeit an den *Jahrestagen* fortzusetzen? Im Sommer 1975 konnte ich ihn bewegen, für ein Verlags-
jubiläum eine einbändige Auswahl aus dem Werk Max Frischs zu
treffen. Die Auswahl der *Stichworte* war Ausdruck seiner Dank-
barkeit gegenüber Max Frisch, dessen *Stiller* er 1957 gelesen
hatte: »mit Neid ... daß ein Mann der westlichen deutschsprachi-
gen Literatur sich beschäftigen darf mit den Schwierigkeiten sub-
jektiver Identität«. Doch konnte ich ihn zu einer eigenen Arbeit
bewegen?
Meine verlegerische Haltung gegenüber Autoren ist eindeutig durch
eine Achtung gegenüber den Inhalten bestimmt. Wir diskutieren in
der Regel keine Inhalte, sondern Elemente der Gestaltung, der Sprache, kurz, das Äußere einer Arbeit, die aber freilich ja auch eine
Äußerung des Inneren ist. Wenn ich manchmal von dieser Haltung
abwich, etwa inhaltliche Vorschläge machte, Anregungen zu Ver-
änderungen gab, scheiterte ich gelegentlich auch bei den Autoren,
mit denen ich mich in besonderer Weise freundschaftlich verbun-

Uwe Johnson als Gastdozent für Poetik an der Johann Wolfgang Goethe-Universität im Sommersemester 1979

den fühlte. In der Situation, in der sich Uwe Johnson befand, glaubte ich, von diesem Erfahrungsprinzip abweichen zu müssen. Ich bedrängte ihn ständig, über das zu schreiben, was ihm das Schreiben verwehrte. Wir hatten in diesem Punkt Auseinandersetzungen, die manchmal an die Grenze unserer Freundschaft rührten.

Nach langen Gesprächen konnte ich Uwe Johnson bewegen, die Gastdozentur für Poetik an der Johann Wolfgang Goethe-Universität in Frankfurt mit fünf Vorlesungen zu eröffnen. Diese sollten »Basisinformationen« aus der Werkstatt des Schriftstellers vermitteln. Uwe Johnson machte den Vorschlag, sich nicht mit den Fragen einer deskriptiven oder präskriptiven Ästhetik zu befassen, sondern Umstände zu beschreiben, die die Entstehung seiner Werke begleiteten, erschwerten oder förderten. Er wollte weit ausholen und auf die Jahre seiner Jugend in der DDR eingehen. Er hat diese

Arbeit in etwa sechs Monaten geleistet, es entstand das Manuskript der Vorlesungen und ein Manuskript für die Buchausgabe der *Begleitumstände – Frankfurter Vorlesungen*. Am 8. Mai 1979, nach der ersten Vorlesung im Hörsaal VI der Universität, trug er in mein Gästebuch ein: »Eine Vorlesung bestellt, eine Vorlesung geliefert.« Das Buch *Begleitumstände,* also die erweiterte Fassung der Vorlesungen, erschien im Mai 1980. Die gedruckte Widmung des Buches lautet: »Geschrieben für Siegfried Unseld«. Ursprünglich hatte er einen anderen Widmungstext vorgesehen: »Für Siegfried Unseld geschrieben mit Verdruß und mit Vergnügen«. Der Text, so mit Verdruß und Vergnügen geschrieben, endet bekanntlich in der Erklärung jenes »tüchtigen Versuches, das Unternehmen ›Jahrestage‹ wegzuführen von einem Schluss am 20. August in Prag, ja, eine Beendigung der Arbeit überhaupt zu verhindern«. Und in dem Bekenntnis, diese Arbeit dennoch weiterzuführen: »Denn ihr habt etwas unterschätzt, Genossen, nämlich das Bedürfnis, die Verständigung mit Mrs. Cresspahl von neuem herzustellen, ohne Mithörer, Mitleser, Mitsprecher diesmal. Wenn einem daran liegt, wird er am Ende versuchen, sich im Alter von 44 Jahren das ›Schreiben‹ wieder beizubringen, mit zwei Zeilen am Tag, fünf Zeilen in der Woche, aber nach drei Monaten eben siebzehn Seiten. Und wenn er danach sich einlässt auf etwas so Verwegenes wie ›Frankfurter Vorlesungen‹ – Sie erinnern sich: kaum Poetik, aber Berufsberatung –, wird er auch zurückkehren zur Fertigstellung eines bloss unterbrochenen Auftrages.«

Im Mai 1980 bat ich Uwe Johnson um einen Beitrag für die Festschrift für Max Frischs 70. Geburtstag, *Begegnungen*. Diesen Beitrag mit dem Titel *Skizze eines Verunglückten* hat Uwe Johnson im Sommer 1980 geschrieben. Die Festschrift wurde 1982 veröffentlicht. Johnson wollte Max Frisch, dem Verfasser der »Biographie« mit Variationen, ebenfalls die Variation einer Biographie anbieten, genauer gesagt, die Variation einer Biographie, so wie Max Frisch sie in seinem Stück vorgeführt hatte: die Darstellung der Unvereinbarkeit von Identität und offiziellem Bild, das Rollenspiel eines

Handschriftlicher Brief Uwe Johnsons an Siegfried Unseld zu dessen 20jährigem
Verlegerjubiläum

der ich zu überantworten werden sollte, aus wie immer zu sehr verschwiegenen Gründen – so verwies sie mir auf, und bin es gegenüber der wie weiter zu sagen. Es ist den unvergessen, wie pflegte und unwillig den meinen Übergang in eine andere Lebenszeit begleitet hat – angefangen mit der Entscheidung, daß jemand wie ich im Jahre 1959 genau sechshundert Rabe im Monat brauchte zum Leben in Westberlin. So frappierend es war, daß hier ein Verleger von seinem Autor den Darben abwenden wollte, der Verwirklichung dieser Sechshundert hat mir lange Sorge bereitet. Denn sie sah, wie konnte ich anders, in der vollständig den Geschäftsmann, der sein Bild einschlagen würde mit fürchterlicher Gewalt. Das hat sie endgültig gegeben bei einer Gelegenheit im Sommer 1960, als ich mich vom frankfurter Flughafen nach Mainz Kastel reiste, behielt mir die den ansehends als die fünfzigste Verbindung zwischen beiden Orten. Auf dieser Fahrt bot ich dir an, meine vierlausend Mark aus dem westberlin Fontanepreis zu verrechnen gegen meine Schulden bei Suhrkamp und den erbeutet mit Gesichter. Ich konnte begreifen, den es eines Vertrauens war, was den in mir investieren wollte, und ich denke dir, daß ich bis auf den heutigen Tag ihm eine solche Unruhe arbeiten konnte.

Und wie man sagen könnte, nach einem Schriftsteller U. Johnson fände man vergebens ihre darin beschrieben fortzusetzen Erzählen, ihn zu verwirklichen, so wären wir nun dem letzten zwanzig Jahre zu das andern verlaufen, hätte Hilde einen anderen Weg gewählt als den, einem Hand zu halten – für dir und, für wie viele andere Autoren, und für mich. Sie hat das Haus 35 an der Klettenbergstraße einfach als einen Ort, an dem bin ich mit Frankfurt auf gutem Fuße. Auch sie danke ich für

zwei

2

zwei Dekaden Gastlichkeit und Freundschaft.

Von Anfang an bist du ein guter Wegweiser gewesen
in dem Gelände, das für mich ein Fremdes war.
Du warst voll der Sorge, ich könnte mich zu früh
locken lassen in dem "Osten", bevor ich davon eine
rechte Ahnung hätte vom "Westen". So hast du
ein Fernhaus an der osthollertienschen Osten in
meine Rechnung geblieben. Vorsorglich verordnetest
du mir eine Woche Paris, vielleicht auch damit
ich Frankfurt in genauerem Verhältnis sehe, und
hier danke ich dir für eine Aufführung von Beckett
"Das letzte Band", ein Requiem im Silbernen Turm
und für die Freiheit des Nein. Und nach Italien
bewegt du mich erst, nachdem du mir vier Monate
in God's own country zur Aufgabe gemacht hattest,
ein Geschenk, das mir zehn Jahre später die
"Jahreszeit" eingetragen hat, von denen du noch
in diesem Jahr das letzte Wort geben haben wirst.

Dann aber bist du für mich: mein erster Leser.
Nach zwanzig Jahren einverständlichen vor
schreibenden Gesprächen hast du auch erfahren von
dem Ungeschriebenen, und so bist du für mich
der unentbehrliche Ort geworden, ohne den das
einsame Leben unmöglich ist: die Gewissheit, dass
es in der Welt einen Anderen gibt, bei dem man
als unzusammenfassbarer Kenntnis aller aufgehoben
ist. Obwohl ich keiner Probe darauf bedurft hätte,
hast du mir geholfen im selbsttanzten Augenblicke
meines Lebens, als ich mich jenseits von Hilfe glaubte.
Damit ist erwiesen, warum von allen Freundschaften, die
ich seit 1959 gefunden habe, die mit dir die einzige
ist, die Bestand hat als in allen Stürmen zuverlässig

und

und bleiben, und wenn es nach mir geht, soll
das so bleiben, wie ich auch weiterhin zum "kleinen Kreis"
gehören möchte.

Ich unterschreibe mit der ⟨1959 – 1979⟩
als dein

Uwe Johnson.

Transkription

Lieber Siegfried –

möge das Datum dir zeigen, dass ich immerhin in Gedanken dabei bin, wenn
ihr heute abend ein Abendessen »in kleinem Kreis« abhaltet. Zum ersten Mal
musste ich mir versagen, einer Einladung von dir zu folgen, wenngleich aus
einem Grunde, den du selbst den vorzüglichsten nennst: dem Fleiss zuliebe,
oder doch zumindest dem Willen dazu. Am 7. Mai soll ich antreten in Frankfurt mit 110 Seiten Skript, daran fehlen mir zu viele, als dass ich die zwei
Reisetage entbehren dürfte. (Denn zu oft kommen Arbeitszeiten, da kehre ich
mit den bestwilligen Vorsätzen heim zu dieser macchina da scrivere, das Pen-
sum fertig geplant im Kopf – unvermittelt sitze ich vor dem Tastenfeld ge-
lähmt, und so bis zum Abend, ohne dass das Papier bewegt worden wäre.
(Selbstverständlich gibt es hierfür eine medizinische Ausdeutung.)) Denn ich
fasse diese Vorlesungen auf als einen Auftrag von dir, ich möchte den so
ausführen, dass sie stehen können unter dem Zeichen »Für Siegfried Unseld«.

Du wirst Reden anhören müssen, und die meine kannst du dir denken. Nun
hat der Brief den Vorteil, dir sagen zu dürfen, was ich dem Zuhören anderer
vorenthalten würde. Denn nach dem Rückblick auf diese deine zwanzig Jahre
Arbeit und Erfolg habe ich anzuführen, dass dieses Jubiläum auch eines für
mich ist. Im März vor zwanzig Jahren hast du etwas von mir angenommen,
»daraus ein Buch zu machen«; im Hotel Hustler an der Schloss-Strasse von
Steglitz. Du wirst dich erinnern: ich hatte jemand mitgebracht als Beistand, da
ich ihn mehr erfahren glaubte mit den Listen der westlichen Gesellschaft, der
ich nun überantwortet werden sollte, aus wie immer ansehnlichen Gründen –
so mißtrauisch war ich, und bin es gegenüber dir nie mehr gewesen. Es ist dir
unvergessen, wie pfleglich und umsichtig du meinen Übergang in eine andere
Lebensart behütet hast – angefangen mit deiner Entscheidung, dass jemand
wie ich im Jahre 1959 genau sechshundert Mark im Monat brauchte zum
Leben in Westberlin. So frappierend es war, dass hier ein Verleger von seinem
Autor das Darben abwenden wollte, die Vervielfachung dieser Sechshundert
hat mir lange Sorge bereitet. Denn ich sah, wie konnte ich anders, in dir
vorläufig den Geschäftsmann, der sein Geld einklagen würde mit fürchterlicher Gewalt. Das hat sich endgültig gegeben bei einer Gelegenheit im Sommer
1960, als du mich vom Frankfurter Flughafen nach Mainz kutschiertest,
schlicht weil du dies ansahest als die günstigste Verbindung zwischen beiden
Orten. Auf dieser Fahrt bot ich dir an, meine viertausend Mark aus dem

westberliner Fontanepreis zu verrechnen gegen meine Schulden bei Suhrkamps, und du erwidertest mit Gelächter. Ich konnte begreifen, dass es eher Vertrauen war, was du in mich investieren wolltest, und ich danke dir, dass ich bis auf den heutigen Tag ohne eine solche Unruhe arbeiten konnte.

Und wie man sagen könnte, nach einem Schriftsteller U. Johnson suchte man vergebens ohne diesen beharrlich fortgesetzten Entschluss, ihn zu verwirklichen, so wären wiederum deine letzten zwanzig Jahre jeweils anders verlaufen, hätte Hilde einen anderen Weg gewählt als den, euer Haus zu halten – für dich und, für wie viele andere Autoren, auch für mich. Sie hat das Haus 35 an der Klettenbergstrasse eingerichtet als einen Ort, an dem bin ich mit Frankfurt auf gutem Fusse. Auch ihr danke ich für zwei Dekaden Gastlichkeit und Freundschaft.

Von Anfang an bist du ein guter Wegweiser gewesen in dem Gelände, das für mich eine Fremde war. Ich weiss noch deine Sorge, ich könnte mich zu früh locken lassen in den »Süden«, bevor ich denn eine rechte Ahnung hätte vom »Westen«. So hast du ein Ferienhaus an der ostholsteinischen Ostsee in meine Richtung geschoben. Vorsorglich verordnetest du mir eine Woche Paris, vielleicht auch damit ich Frankfurt in genauerem Verhältnis sähe, und hier danke ich dir für eine Aufführung von Becketts »Das letzte Band«, ein Mittagessen im Silbernen Turm und für die Freiheit der Métro. Und nach Italien liessest du mich erst, nachdem du mir vier Monate in God's own country zur Aufgabe gemacht hattest, ein Geschenk, das uns zehn Jahre später die »Jahrestage« eingetragen hat, von denen du noch in diesem Jahr das letzte Wort gelesen haben wirst.

Denn auch das bist du für mich: mein erster Leser. Nach zwanzig Jahren einvernehmentlichen wie streitbaren Gesprächs hast du auch erfahren von dem Ungeschriebenen, und so bist du für mich der menschliche Ort geworden, ohne den das einsamste Leben unmöglich ist: die Gewissheit, dass es in der Welt einen Menschen gibt, bei dem man als zusammengefasste Kenntnis sicher aufgehoben ist. Obwohl ich keiner Probe darauf bedurft hätte, hast du mir geholfen im schlimmsten Unglück meines Lebens, als ich mich jenseits von Hilfe glaubte. Damit ist erwiesen, warum von allen Freundschaften, die ich seit 1959 gefunden habe, die mit dir als einzige sich erwiesen hat als in allen Stücken zuverlässig und haltbar, und wenn es nach mir geht, soll das so bleiben, wie ich auch weiterhin zum »kleinen Kreis« gehören möchte.

Ich unterschreibe mich dir (1959-1979)
als dein Uwe Johnson

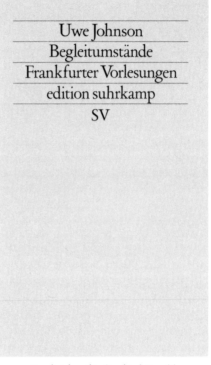

Uwe Johnson
Begleitumstände
Frankfurter Vorlesungen
edition suhrkamp
SV

Menschen. Johnsons *Skizze eines Verunglückten* dokumentiert ebenfalls eine Unvereinbarkeit besonderer Art: was dieser Mann gutgläubig als Prämissen und Essenz seiner zivilen Existenz zusammensetzte und als Lebenslage schon gelungen glaubte, wird ihm unverhofft aufgedeckt als beständige Irreführung. Jede Einzelheit seiner Vergangenheit bedarf daraufhin einer Umdeutung und einer gnadenlosen Korrektur. Johnson setzte sich auseinander mit Max Frischs berühmter Einsicht, es sei nicht die Zeit für Ich-Geschichten, aber das menschliche Leben vollziehe oder verfehle sich am einzelnen Ich, nirgends sonst. Durch die Figur des Dr. Joe Hinterhand zeigte Johnson ein verfehltes Ich und schrieb in den Schluß dieser *Skizze eines Verunglückten* unübersehbar auch sein eigenes

Lebensproblem ein. Dies zeigt sich am Namen Joe Hinterhand, der ein Pseudonym für Joachim de Catt ist. Als Uwe Johnson 1959 noch mit dem Gedanken spielte, in der DDR zu bleiben, überlegte er, seine *Mutmaßungen über Jakob* unter dem Pseudonym Joachim Catt herauszugeben. In der *Skizze eines Verunglückten* lesen wir: »1949, vor Gericht, habe er recht inständig gehofft, auf ein Urteil, nach dem man ihn ums Leben bringen werde durch Stromstöße oder durch den Strang, wobei es ihm nicht um die Strafe gegangen sei, sondern um einen Notausgang, einen Ausweg. In der Folge habe er seine eigene Todesstrafe gefunden, abzuleisten durch Ableben.«

1982 nahmen wir diesen Text in die Bibliothek Suhrkamp auf. Als ich ihm nach Erscheinen das Buch zuschickte, schrieb er mir am 8. Oktober 1982: »Die ›Skizze eines Verunglückten‹ als Band 785 der Bibliothek Suhrkamp ist in einem Stück angekommen und will mir im äußeren Auftreten gefallen. Keine Druckfehler und der Umschlag von einem so intriganten Grün, daß ich reinweg fragen möchte, was der Vor- und Nachname dieser Farbe sind. [Lieber Uwe: das ist ein ganz einfaches Moosgrün!] Das Buch gemahnt mich an mein abermals gescheitertes Verlangen, mit einer Arbeit sogleich, ohne Umweg, sozusagen von Rechts wegen in diese Reihe zu gelangen; eines meiner Lebensziele.«
In diesem Brief ging er wie schon so oft auf meine »Therapie«-Bemühungen, wie er es selbst nannte, ein. Ich hatte ihm wieder einmal von meiner Hoffnung geschrieben, die Zeit heile. Er antwortete darauf: »Deinem Ausspruch von der Zeit, die alles heile, kann ich eine wie immer eingeschränkte Bestätigung nachliefern für meinen Fall. Denn dies ist das erste Jahr nach der Herzgeschichte, daß das Schreiben auch ferner der Maschine, bei Spaziergängen oder beim Einkaufen, sich fortsetzt in Einfällen und Entwürfen, wie es früher war und sein soll. Manches heilt sie eben, die Zeit...«
Ich war froh, daß meine beiden Aufträge ihre Wirkung nicht verfehlt hatten. Und er konnte sein Schreiben in diesen Wochen und

Aufgewacht von flachem Knallen im Park, Schüssen ähnlich. Unerschreckt stehen Leute an der Bushaltestelle gegenüber. Hinter ihnen spielen Kinder Krieg.

Unser Stand an der 96. Strasse ist verhängt. Keine Zeitungen wegen Todesfalls. Der Alte hätte doch hinschreiben sollen, ob er selber der Tote ist. Auch die wöchentliche Ware ist zugedeckt mit verwittertem Plastiktuch. Die Kunden treten regelmässig heran, stutzen erst wenige Schritte vor den grabähnlichen Packen, biegen in verlegenem Bogen ab. Niemand versucht etwas zu stehlen. Wer dann immer noch Schlaf bei sich trägt, erwartet auf dem handbeschriebenen Karton einen neuen politischen Mord: Geschlossen aus Anstand gegenüber ... wem?

In der Unterführung der Ubahn geht ein Junge mit Schädelkappe vorüber an einem Whisky-Plakat, da hat jemand gleich zweimal in Schönschrift aufgetragen: Fickt die jüdischen Säue. Der Junge hält den Kopf, als hätte er es nicht gesehen.

Im Grand Central war noch eine New York Times übrig. Wetter teils sonnig, teils kühl. Behalten: das Foto des Adolf Heinz Beckerle, früheren deutschen Gesandten in Bulgarien, angeklagt wegen Mithilfe bei der Deportation von 11,ooo Juden ins Todeslager Treblinka im Jahr 1943. Weil er an Ischias leidet, liegt er auf einer Bahre, bürgerlich bekleidet zwischen Kopfkissen und Decken; sorgsam tragen zwei frankfurter Polizisten ihn die Treppe zum Gericht hinauf.

Manchmal gelingt das letzte Aufwachen an dem Wasserbrunnen vor dem Durchgang zum Graybar-Haus. Heute stehen da zwei Herren, beugen

Erste Seite des Typoskripts von *Jahrestage* Band 4

Uwe Johnson bei einer Lesung in der Weiss'schen Buchhandlung am 16. Mai 1983 in Heidelberg

Monaten fortsetzen. Im Frühjahr 1983 erhielt ich den letzten Teil des Manuskripts der *Jahrestage 4*. Ich wußte, was der Abschluß dieser Arbeit für den Autor bedeuten mochte, Triumph, das fast schon Aufgegebene doch noch geleistet zu haben, aber auch Niedergeschlagenheit und Leere, nachdem der Kosmos dieser Welt für ihn ausgeschritten war. Wieder drang ich in ihn, möglichst sofort eine neue Arbeit zu beginnen. Er selbst schlug mir vor, eine Geschichte der Familie Cresspahl zu schreiben, das Material habe er parat. Die Geschichte würde beginnen im Oktober 1888 mit dem Geburtstag des Kunsttischlers Heinrich Cresspahl, der dann am 31. Oktober 1931 Lisbeth Papenbrock heiratete, die ihm am 3. März 1933 in Jerichow die Tochter Gesine zur Welt brachte. Gesine zeugte mit Jakob Abs die Tochter Marie, die am 21. Juli 1957 in Düsseldorf geboren wird und ihrem Vater nicht ähnlich sieht. Gesine zieht mit der vierjährigen Tochter Marie in die Vereinigten Staaten, und dort erzählt sie für die Tochter »auf Papier, mit

Auswendig gelernt ~~für ein Kind~~, die äussere
Kruste des Gewesenen, in die Kette der Jahre
gezwängt, die zurückrasselt in den Brunnen.
Statt der Wahrheit Wünsche an sie, auch Gaben
von der Katze Erinnerung, dem Gewesenen hin-
terher schon durch die Verspätung der Worte,
nicht wie es war, bloss was ich davon finden
konnte: 1888. 1938. 1968. Damals. ~~Jetzt:~~

1888, am 10. Oktober, meldete ein Stellmacher
Herrn von Bobzin die Geburt eines männlichen
Kindes, auf einem Rittergut im Mecklenburgi-
schen, zwischen Fleesensee und Müritz, auf dem
Lande, gleich weit von Malchow und Röbel, naem
S' mi nich oevel, wo die germanisierten Slawen
hausten, nach Meyers Wissenswertem vom nächste
Jahr. Der Tag wurde von der Herrschaft began-
gen, weil einmal am 10. Oktober in der Residen
ein Kind als Herzog Adolph Friedrich auf die
Welt gekommen war. Wo sall de Jung denn heiten
näum's em Johann, hei kümmt ja doch bi de Pier
Auf Johann Heinrich Cresspahl wurde das Kind g
tauft, in Demut nach dem herrschaftlichen Befehl, in Trotz nach dem Vater. Der Junge wurde
mit seinem zweiten Namen gerufen, er sollte
nicht zu den Pferden. Den alten Cresspahl,
seine Berta, geborene Niemann, habe ich ver-
säumt. Von ihnen gibt es nur die ~~Schönschrift~~
~~ten~~ der Amtsschreiber, keinen Brief, keine Fo-
tografie. Sie sind welche, die sprechen nicht
mit mir. Hätte ich sie gesucht zur rechten
Zeit. Ick naem mi 't oevel. Nach Büchern, von
Bildern habe ich Anblicke von Katen, die ab-
seits von Park und Herrenhaus im Fachwerk hingen, den schiefen Fenstern, über den Bretter-
türen die Gitter, die das brennende Stroh auf-
fangen sollten, aber vielleicht lebten die
Cresspahl nicht mit Schwein und Ziege unter ei
em Dach, denn mochte der Rademacher die Mütze
ziehen müssen vor der gutsherrlichen Familie,
vor Inspektor und Voluntär und Gutsförster und
Statthalter und Gouvernante, er bekam mehr
als die Pferdeknechte, Tagelöhner, Hofgänger,
er mag eine Döns gehabt haben wie ein Bauer,
mit einem Fussboden aus Holz statt blankem
Lehm, auch Stühle zu den Bänken am langen
Tisch, eine Standuhr und "ein hochaufgetürmtes
Ehebette, bei Festlichkeiten mit farbigen
Schleifen besteckt, öfters, besonders südlich,
mit Gardinen ..." An der Wand die hölzernen
Löffel, auch ein rot und blau gemaltes Gesimse
für Bibel, Gesangbuch und den Grossherzoglichen
Mecklenburg-Schwerinschen und ~~den Grossherzog-~~
~~lichen~~ Mecklenburg-Strelitzschen Kalender auf
das Jahr Christi 1888, welches ein Schaltjahr
von 366 Tagen ist. Mit Bildern, und dem Motto:
    Wenn Einer dauhn deit, wat hei deiht,
    Denn kann hei nich mihr dauhn, as hei deiht
Wenn die geborene Niemann oder der alte Cresspahl zu lesen verstanden, konnten sie dem Kind
~~in der Wiegd~~ daraus vorsingen Wat för den
Lüttsten:

Erste Seite des Typoskripts des mutmaßlichen Textes von *Heute Neunzig Jahr*

Datum und Wetter« Erinnerungen an Mecklenburg »für wenn ich tot bin«. Wir wissen aus den *Jahrestagen*, wo Gesine und Marie, die Dame um 35 und das elfjährige Kind, sich am Dienstag, dem 20. August 1968, »Last and Final« befinden: in einem Badeort an der dänischen Küste, Schweden gegenüber.

Das Geschick von Gesine und Marie über diesen 20. August 1968 hinaus bis ins Jahr 1978 sollte uns Uwe Johnsons neue Arbeit zeigen. Er hat sie selber mit dem Titel *Heute Neunzig Jahr. Die Geschichte der Familie Cresspahl* angekündigt:

> »Eine Familiengeschichte vom Oktober 1888 bis zu jenem Winter 1978, in dem im Norden Deutschlands noch einmal Panzer, Hubschrauber und Düsenjäger benutzt wurden zum Wohlbefinden von Menschen; so viel Schnee war gefallen, erinnern Sie sich? Anfangs ist es eine Spurensuche, die eine Gesine Cresspahl betreibt nach der Kindheit ihres Vaters im vorigen Jahrhundert; unausweichlich wird sie Zeuge des nächsten, in dem ›Willy Zwo‹ wie diverse ›Führer‹ und ›Vorsitzende‹ es schwer machen für ihre Leute, als Nachbarn und Freunde zu leben, auch ruhigen Gewissens. Mit wem immer ein Junge aus dem ›Dreikaiserjahr‹ zu tun bekommt in seinem Leben und über den Tod hinaus, sie alle sollen hier versammelt sein, in ländlicher Gegend an der Müritz, in einer südlichen Vorstadt von London wie dereinst in New York City, mit dem zuverlässigen Heimweh nach Mecklenburg. Hier sind ihre Umzüge (in zweifacher Bedeutung), ob nun Kriege gefällig waren oder im Anblick einer Baumblüte gelegentlich die Empfindung, ein Dasein auf der Erde verlohne sich. Ob es am Ende bleibt bei der Enkelin Marie, ›den letzten beiden Augen Cresspahls‹, hier wäre es zu erfahren.«

Ich benützte jede Gelegenheit, Uwe Johnson auf die Dringlichkeit dieser neuen Arbeit hinzuweisen. Er erfüllte danach meinen Wunsch, Lesungen in verschiedenen Buchhandlungen zu übernehmen, und bei der Buchmesse 1983 war unser ›Abend mit Buchhändlern‹ Uwe

Uwe Johnson im Gespräch mit Siegfried Unseld und dem damaligen spanischen Kultur-
minister während der Buchmesse in Frankfurt im Oktober 1983

Johnson gewidmet. Schon während der Buchmesse kamen die ersten Anzeichen einer Grippe, doch er wollte die vereinbarten Lese-
termine in Berlin, Kassel, Gießen und Darmstadt nicht absagen. Als
er in Berlin war, verschlimmerte sich sein Gesundheitszustand, und
mit Hilfe von Freunden gelang es, ihn zu einem Arzt und dann ins
Krankenhaus zu bringen. Jetzt ließ er es zu, daß die Lesungen abge-
sagt wurden. Er kam aus Berlin am 4. November nach Frankfurt
zurück und wohnte bei mir. Diesen Abend verbrachten wir in der
Klettenbergstraße. Uwe Johnson schien heiter, ließ sich ausführen,
genoß sein Steak im ›Alten Zollhaus‹ und aß, was er sonst nie tat,
einen Fisch bei einem Italiener. Selbstverständlich kam in diesen
Tagen auch das Gespräch auf das, was er »das Monetäre« nannte;
ich konnte ihm sagen, daß sein Soll-Konto durch die Verkäufe des
vierten Bandes der *Jahrestage* und der Kassette mit den Bänden 1–4
doch schon sehr geschrumpft sei. Als wir am Morgen des 5. November zum Bahnhof fuhren, trug er vorher noch einen Scherz in

Uwe Johnson am Stand des Suhrkamp Verlages auf der Buchmesse 1983

mein Gästebuch ein: »Lyndon B. Johnson/Uwe Johnson 4./5. November 1983«. Wir nahmen beide denselben Zug, Uwe Johnson fuhr nach Zürich, um mit Max Frisch über die Modalitäten der Übernahme von dessen Loft in New York für die Dauer eines Jahres zu sprechen; ich nahm denselben Zug, stieg in Offenburg aus, um von der Huchel- und Kästner-Stätte Staufen dann mit dem Auto nach Zürich zu kommen. Die zwei Stunden der gemeinsamen Zugfahrt benutzte Uwe Johnson, mir noch mal seine Verletzung und die sich daraus ergebende testamentarische Konsequenz zu erläutern. Geschrieben habe er das ja alles auf meinen Wunsch in der *Skizze eines Verunglückten*; eine, seine Verbindung mit seiner Frau wurde zerstört, nicht nur physisch und psychisch, sondern gewissermaßen sprachmetaphysisch. Er hatte alles, auch das mit seinem schriftstellerischen Werk Zusammenhängende, mit ihr besprochen: »Satz für Satz, Kapitel für Kapitel, Person für Person, geschrieben für sie, ohne Täuschung oder Irrtum im mindesten zu besorgen«. So war

Uwe Johnson im Anschluß an eine Lesung in
Berlin im November 1983

ihm seine Verletzung begründet durch eine Verletzung seines Lebens, seiner Existenz als Schriftsteller, aber auch eine Verletzung
des für jeden Schriftsteller Zentralen: Worte und Sprache bezogen
sich, im nachhinein betrachtet, nicht mehr auf Wahrheit und Wirklichkeit, sondern wurzelten im Irrtum.

»The Will of Uwe Johnson« war datiert vom März 1983, von
einem englischen Notar beglaubigt. Darin benannte er Martin Walser, ersatzweise Dr. Felix Landgraf, als »executor und trustee«,
seiner Frau vermachte er die *Encyclopaedia Britannica*, alle seine
Bücher, Manuskripte, Akten, Rechte und die Erlöse aus ihnen dem
Suhrkamp Verlag bzw. der im Entstehen begriffenen Peter Suhrkamp Stiftung (deren erster Vorsitzender er sein sollte, mit der

Bedingung, daß er dann eine blaue Schirmmütze erhalten müßte).
Über den Rest seines Vermögens errichtet er einen Trust und be-
nennt als »Begünstigte den Suhrkamp Verlag, ersatzweise Siegfried
Unseld, ersatzweise dessen Abkömmlinge«. Für den Fall, daß sein
Testament angefochten werden würde, hatte er für das Gericht in
englischer Sprache nochmals jene Geschichte der ehelichen Ver-
und Zerstörung beschrieben. Ich mußte diese Haltung akzeptieren,
auch wenn ich für mich persönlich sie nicht nachvollziehen
konnte. Ich war bereit, seinen Hauptwunsch zu erfüllen, d. h., dafür zu sorgen, daß, »für wenn ich tot bin«, niemand an die Papiere
gelangen könne, daß ich den Nachlaß sammeln und ihn geschlossen nach Frankfurt überführen sollte und daß er unter meiner Ver-
antwortung verwaltet würde; dies gestand ich ihm zu, aber ich
erklärte ihm, von seinem Wunsch abweichend, daß ich mit Frau
und Tochter getrennte eigene Regelungen treffen wollte. Noch einmal drang ich in ihn, die »Geschichte der Familie Cresspahl« fortzuführen; das Honorar für diese Geschichte, so versprach ich es
ihm, sollte so hoch sein, daß in jedem Fall sein Konto ausgeglichen
würde.

Ich weiß noch, wie erschüttert ich nach diesem Gespräch den Zug
verließ. Uwe Johnson wollte immer das Absolute. So wie seine
»Katze Erinnerung«, jener »wohltuende Geselle« mit den Eigen-
schaften: unabhängig, unbestechlich, ungehorsam. Man muß hin-
zufügen: unbeugsam, eigenwillig. Er hatte Recht auf seine Haltung.
Aber was ist Recht bei nur menschlich zu lösenden Problemen? Und
hilft es, Recht zu haben? Und kann das Recht nicht auch auf un-
rechte Weise geschehen? Und hat nicht der, der liebt, recht, hat er
nicht sein Recht? Ich mußte unwillkürlich an die *Wahlverwandtschaften* denken. In dem berühmten Gespräch zwischen dem Major
und Eduard im 12. Kapitel des 2. Teils stimmen sie überein, daß
solche »Verhältnisse« sich nicht aufheben und sich nicht bilden,
»ohne daß manches weiche«: »Durch Überlegung wird so etwas
nicht geendet; vor dem Verstande sind alle Rechte gleich, und auf
die steigende Waagschale läßt sich immer wieder ein Gegengewicht
legen.« Das ist ohne Zweifel richtig, doch wohin führt die Eskala-

tion solcher Rechte? Gilt dann nicht doch auch Ciceros »summum ius summa iniuria«? (Das höchste Recht, das größte Unrecht.) Sie sei ihm »verwandelt erschienen«, erklärt in der *Skizze eines Verunglückten* der Protagonist, »in ein Prinzip, eine Verkörperung aller Kräfte, die seinem Leben entgegen seien, als die Drohung, die Gültigkeit der Worte abzuschaffen«. Dies war zweifellos auch für Uwe Johnson der Hauptgrund seiner »Schreibhemmung«, der »Beschädigung des Subjekts«.

Wir trafen uns an diesem Tag abends wieder in Zürich. Er war bei Max Frisch gewesen, ich hatte die Uraufführung von Thomas Braschs *Mercedes* besucht. Noch einmal, ein letztes Mal, erläuterte er seine Sicht und die für ihn zwingenden Folgen. Lange nach Mitternacht gaben wir uns die Hand.

Am Tage darauf fuhren wir nach Köln, wo Johnson am 7. November den Literaturpreis der Stadt Köln entgegennahm. Bei der Feier wurde der 2. Satz aus Franz Schuberts Streichquartett in d-Moll »Der Tod und das Mädchen« gespielt. Ich konnte nicht ahnen, daß dies unsere letzte persönliche Begegnung war.
Uwe Johnson hatte die feste Absicht, die »Geschichte der Familie Cresspahl« in einem Jahr zu schreiben; sie sollte 250 Seiten umfassen, und das Manuskript wollte er Ende Mai 1984 abgeben. Bei Hans Werner Richters 75. Geburtstag, am 12. November 1983, hat Uwe Johnson in Saulgau aus dem Manuskript vorgelesen. Wir wissen freilich bis heute nicht, wie weit die Arbeit gediehen war. Nach seinem Tod fand sich auf seinem Schreibtisch ein Manuskript ohne Titel, aus dem der Autor 1975 in einer Rundfunkanstalt gelesen hatte – etwas mehr als 70 Seiten Umfang hat dieses Manuskript. Zusätzlich fand sich ein mehr als 100 Seiten starker Text mit dem Titel *Versuch, einen Vater zu finden*, in dem Gesine Cresspahl das Leben ihres Vaters Heinrich von 1888, seinem Geburtsjahr, an rekapituliert – der erhaltene Text bricht mit dem Jahr 1946 ab. Ein stilkritischer Vergleich dieses Textes mit den *Jahrestagen* zeigt jedoch, daß Johnson schon vor 1975, eventuell sogar 1967/68, dieses

Manuskript niedergeschrieben hat. Eines ist sicher: es war Uwe Johnsons fester Entschluß, dieses Manuskript zu vollenden. Noch im letzten Telefonat im Januar 1984 hat er mir das bestätigt. Ich habe ihm dabei noch einmal unsere Honorar-Vereinbarung in Erinnerung gerufen. Doch diesmal stellte sich die erhoffte Verwirklichung nicht ein. – Wir werden also das weitere Schicksal von Gesine und Marie wohl nicht mehr erfahren, nicht mehr ihre Umzüge in eine »südliche Vorstadt von London«, nicht mehr ihr »zuverlässiges Heimweh nach Mecklenburg«.

Am Montag, dem 12. März 1984, auf dem Wege zu meiner Mutter nach Ulm und zu Wolfgang Koeppen nach München, unterbrach ich in Stuttgart meine Zugfahrt. Friederike Roth holte mich ab. Auf dem langen Bahnsteig gehend, hörten wir eine Stimme aus dem Lautsprecher, die mich dringend zur Information bat. Zum ersten Mal widerfuhr mir solch öffentlicher Aufruf. Meine Mitarbeiterin Burgel Zeeh bat um sofortigen Rückruf. Von ihr erfuhr ich: Elisabeth Johnson hatte aus Sheerness um 19.00 Uhr angerufen – Uwe sei tot. Sie habe immer wiederholt: »Uwe ist tot« – sie habe es um 17.00 Uhr durch die Polizei erfahren – und: »mehr weiß ich auch nicht«. An alles hätte ich bei diesem Ausruf denken können, aber diese Nachricht war schwer zu fassen. Wenn sie wahr war, dann war einer der großen Autoren der deutschen Literatur dieses Jahrhunderts aus dem Leben in die Geschichte eingetreten; wenn sie wahr war, dann hatte ich den beharrlichsten, unbeugsamsten, unerschütterlichsten Freund und den unwiderruflichsten und loyalsten Autor meines Verlages verloren; den Autor, der mir bei unseren letzten Begegnungen immer wieder versicherte, ohne meinen »gläubigen Beistand« hätte er den vierten Band der *Jahrestage* nicht zu Ende schreiben können. Wie hatte die Widmung an mich im vierten Band gelautet: »Hiervor war eine Pause. Ich bin froh, daß *wir* sie be- [und über-]standen haben«? Nun hätte er sie doch nicht überstanden?
Es fuhr zu diesem Zeitpunkt kein Zug mehr zurück nach Frankfurt. Mit Friederike Roth wurde an diesem Abend nicht über ihre Arbeit

gesprochen, sondern ausschließlich über Uwe Johnson, über die Eindrücke, die dieser Schriftsteller auf sie gemacht hat, über meine letzten Begegnungen mit ihm, über die Arbeitstage in der Klettenbergstraße, die dem *Kleinen Adreßbuch für Jerichow und New York* galten. Dieses als »Register« bezeichnete Buch ist weit mehr, als der Name sagt, es ist die Summe der Personen, der Gegenstände, der Orte der *Jahrestage*; im Februar 1983 bei der deutschen Buchwoche in New York hatte mich Rolf Michaelis gefragt, ob wir nach zehnjähriger Pause den vierten Band »einfach so« herausbringen würden. Ich sagte ihm, ich hätte Uwe Johnson schon gebeten, ein kommentiertes Personenverzeichnis zu schreiben, aber an die Niederschrift könne er wohl erst denken, wenn er die letzte Zeile des vierten Bandes geschrieben habe. Kurze Zeit später rief mich Rolf Michaelis an und berichtete mir, er habe ein solches Register für die Bände 1 bis 3 bereits erstellt und sei gerne bereit, es auch rasch für den vierten Band zu machen. Uwe Johnson war damit einverstanden. Die beiden trafen sich mehrfach, es lag in der Natur dieser Sache, daß sie nicht immer übereinstimmen konnten.

In entscheidenden Fragen setzte sich Johnson durch, er korrigierte und ergänzte. Gemeinsam brachten sie diese äußerst komplizierte und unter Druck des Publikationstermins stehende Arbeit zu einem Ende; über einige Fehler, Mißdeutungen, Unvollständigkeiten, die stehen blieben, war Uwe Johnson betrübt. Aber dieses Handbuch vollständig zu machen, hieße auch einfach, die *Jahrestage* noch einmal erzählen. Und so befand Uwe Johnson: »Diese Arbeit möchte einen Vorschlag zum Lesen machen; sie hofft auf eine Vollständigkeit, die jeder Benutzer nur für sich selbst herstellen kann.«

Auf der Rückfahrt nach Frankfurt hatte ich immer nur einen Gedanken: Uwe ist tot. Immer wieder standen die letzten Begegnungen vor mir, sein so glänzendes, nachwirkendes Auftreten bei unserem Buchhändler-Abend während der Buchmesse 1983, wo er souverän und sicher lange Passagen aus den *Jahrestagen* 4 las und gelegentlich seine Vorlesung zu einem vertraulich-intimen, leicht ironischen Singen steigerte; ich dachte an die Zugfahrt Frankfurt–Offenburg, an das Gespräch in Zürich und das bei mir im Tresor liegende Papier »Statement to my executors«: »I write this letter solely for the reason that it has been explained to me as a legal necessity to explain and substantiate why I want to change my will of October 1975.«

In Frankfurt angekommen telefonierte ich sogleich mit dem Anwalt in Sheerness; bei ihm war das Testament aufbewahrt. Der Anwalt hatte die Todesnachricht noch nicht gehört; er bat mich um mein sofortiges Kommen.

Katze Erinnerung

Am Mittwoch, dem 14. März 1984, flogen Burgel Zeeh und ich nach London-Heathrow, fuhren von dort zur Victoria Station, dann mit dem Zug nach Sittingbourne und stiegen nach Sheerness um. Wir waren beklommen durch Schreck, durch Schock, durch Gewissensnöte. Welches waren die Umstände dieses Todes? Hätten wir sie verhindern können? Warum war ich nicht im Januar oder Februar nach Sheerness gefahren? Hätten wir durch mehr Briefe, mehr Telefonate die Umstände beeinflussen können? Burgel Zeeh, die mit Uwe Johnson in engem Briefwechsel stand, wobei er in seinen Briefen an sie immer auch auf ihrem Mädchennamen bestand und sie an die Damen Geisler-Zeeh adressierte, hatte in der abgelaufenen Woche mehrmals täglich in Sheerness angerufen. Da Uwe Johnson sich nicht meldete, war sie beunruhigt, und sie trug mir diese Beunruhigung immer wieder vor. Ich hatte anstrengende Tage, zwei unaufschiebbare Veranstaltungen am 6. und 8. März, wichtige Besuche. Ich wollte noch das Wochenende vom 10./ 11. März abwarten. Am Montag, dem 12., telegraphierten wir, und wenn darauf keine Antwort käme, wollten wir die Polizei verständigen. Doch nun war alles zu spät. In der *Skizze eines Verunglückten* war es eingeschrieben, jener Satz, in dem er bekannte, »auf der

Die Katze »Erinnerung«, die in Uwe Johnsons Zimmer stand

Strecke geblieben (zu sein) mit seinem Entwurf von einer Liebe sonder Vorbehalt«. Ich las den bereits erwähnten Brief vom 8. Oktober 1982 immer wieder. Burgel Zeeh hatte ihn mir fotokopiert und im Flugzeug zugesteckt. Wie souverän Uwe Johnson doch war. Noch einmal beschrieb er sein ursprüngliches Bedenken gegen eine Veröffentlichung, erwähnte als einen möglichen Einwand »der Besprechungsgilde«, »die Menge des Textes rechtfertige kaum seine Unterbringung zwischen zwei Deckeln«. Ich hatte ihm geschrieben, daß wir uns danach nicht richten sollten und daß ich die Publikation in der Bibliothek Suhrkamp für gut und richtig hielte. Und seine Antwort: »Aber hier hast Du entschieden, und auch wenn meine Zustimmung vor einem bekannt schmerzlichen Hintergrund sich abhob, ich will nun darauf vertrauen: Es war richtig, daß wir das gemacht haben.«
Meine Lektüre während der Fahrt nach Sheerness und in den Tagen, Wochen, ja Monaten danach waren die Texte seiner »Frank-

furter Vorlesungen«. Lasen sie sich anders oder las ich sie anders? Hatte ich vielleicht eine neue Sensibilität bekommen für das, was er »parteiische Aufmerksamkeit« nannte:

> »Zum anderen ist für mich bei einem Studium der Germanistik (mit Abschluss) eine Vorliebe für das Konkrete herausgekommen, eine geradezu parteiische Aufmerksamkeit für das, was man vorzeigen, nachweisen, erzählen kann.«

Als ich diese Stelle Peter Härtling gegenüber erwähnte, erzählte er mir, wie Uwe Johnson einmal bei einer Sitzung der Akademie in Berlin gefragt wurde, warum er dauernd mitschreibe, er bekäme doch die Protokolle der Sitzung, und Uwe Johnson habe darauf erwidert: »Ich kontrolliere die Abweichung.« Man wird natürlich auch seine »Abweichung« einmal kontrollieren, das, was er in diesen fünf Vorlesungen gesagt, und das, was er in den *Begleitumständen* veröffentlicht hat. Als ich mit ihm über die Frankfurter Poetik-Gastvorlesung gesprochen hatte, ahnte ich nicht, was er im Buch ausbreiten würde, am wenigsten den Satz: »Eine Beschädigung der Herzkranzgefässe war begleitet von einer Beschädigung des Subjekts, das ich in der I. Vorlesung eingeführt habe als das Medium der schriftstellerischen Arbeit, als das Mittel einer Produktion.« Aber dieser seiner Zustimmung waren mehrere Gespräche vorausgegangen, in denen ich mit ihm über das sprach, wovon er einen Notausgang, einen »Ausweg«, suchte. Er hatte seine eigene Art, einem persönliche Erfahrungen und Erlebnisse als Geheimnis anzuvertrauen. Als er mir sein Hauptgeheimnis anvertraute, verband er das mit der Versicherung, daß er sich umbringen würde, wenn ich zu irgend jemandem davon spräche, doch kurz danach meldeten sich bei mir zwei Freunde, die sich von der Mitwisserschaft und Mitverantwortung vor diesem Geheimnis, vor diesem Leiden, vor dieser Beschädigung überfordert fühlten. Mein größter Fehler war es vielleicht auch, daß ich ihm gegenüber bis zu seinen Vorlesungen im Mai 1979 immer an dem Grundmotiv seiner »Beschädigung« zweifelte, daß ich sein Leiden nicht in der von ihm erfahrenen Tiefe verstand, daß ich mehr auf äußere Änderung drängte, auf Auswege aus seinem Lebensstil, auf Veränderung seines Arbeitsdomizils und eben immer auf die Möglichkeit, wie dieser Schriftsteller seine »Schreibhemmung« überwinden könnte.

Unsere Gespräche, mein Drängen, gerieten manchmal an die Grenze einer Autor-Verleger-Beziehung, an die Grenze einer Freundschaft auch. Ich erinnere mich an ein Nachtgespräch. Wir beide in einer Art Rausch, er hatte mehrere Liter Weißwein getrunken und ich, wie immer bei dem Zusammensein mit ihm in den letzten Jahren, mehrere Flaschen Mineralwasser. Ich wollte seine »Beschädigung« nicht so ernst nehmen, wie er sie in der Vorlesung geschildert hatte. »Soll ich mich umbringen?« fragte er. »Nein, du sollst schreiben, warum du dich umbringen willst.« »Dies kann man nicht schreiben.« »Doch«, meinte ich, »als Schriftsteller bist du privilegiert gegenüber all den Leuten, die leiden. Du mußt es schreiben, heißt es nicht bei unserem Nachbarn: gab mir ein Gott zu sagen, was ich leide?« »Siegfried, es heißt bei Werther ›verstrickt in solche Qualen, halb verschuldet. Ich dulde nicht, ich leide. Geb ihm ein Gott zu sagen, was er duldet‹.« Mir war der Unterschied an diesem Morgen gleichgültig. Ich rief nur alle möglichen Zeugen unserer Arbeit, Goethe, Kafka, Joyce, Hesse, Frisch dafür an, daß ein Schriftsteller eine Person sei, die ihr Leben nicht anders als schreibend zu bestehen vermöge. »So, du meinst, ich bin kein Schriftsteller«, sagte er, schwer nach oben in seinen Schlafraum die Stufen nehmend.

In einem war ich sicher, Selbstmord war es nicht. In den letzten drei Jahren, im Grunde nach der Poetik-Vorlesung, wußte Uwe Johnson, daß er die Fertigstellung der *Jahrestage* schaffen konnte und würde. Jedenfalls gab er mir immer wieder Zeichen dieser Zuversicht. Aus guten Gründen schied ein Freitod aus: Er wollte die Geschichte der Familie Cresspahl bis in die Gegenwart weiterführen, es war ihm wichtig, daß mit der Ablieferung dieses Manuskriptes Ende Mai 1984 sein Konto ausgeglichen sein sollte; im Juni 1984 wollte er, wie er selbst an die Veranstalter schrieb, jene Lesungen durchführen, die er im Herbst durch seine Krankheit absagen mußte, ab 1. Juli 1984 wollte er für ein Jahr nach New York; die Übernahme von Max Frischs Loft war perfekt; bei Helen Wolff (»da hat einer Glück mit Verlegern«) hatte er sich angekündigt; an die deutsche Schule London, die einen Übersetzerwettbewerb mit einem Text von ihm, »Ach! Sie sind ein Deutscher«, veranstaltete, hatte er im Februar eine Vita geschickt, die er selbst für 1984 wie folgt ergänzt hatte: »Pläne für 1984: Abschluß eines Lebenslaufes für die Familie Cresspahl (1888 bis 1978) und Rückkehr zu den Flüssen East, Harlem, Hudson, Hackensack und Connecticut.« Es gab auch für ihn immer wieder »gelegentlich die Empfindung, ein Dasein auf der Erde verlohne sich«.

He was a private man

Gegen Mittag kamen wir in Sheerness an und gingen sofort zu Rechtsanwalt Clough von der Anwaltskanzlei Sevier and Partners. Anwalt Clough war freundlich, sprach fließend deutsch und übergab uns eine Notiz aus dem *Daily Telegraph* vom Tage mit einem kleinen Artikel: »Uwe Johnson – the East German Novelist who fled to the West, has died at his home in Sheerness, Kent at the age of 49.« Mr. Clough war von dieser Notiz überrascht. Nicht er, sondern sein Vorgänger hatte das Testament aufgesetzt. Noch mehr verwunderte ihn der größere Nachruf in der *Times* vom nächsten Tage. Unsere erste Überraschung: er wußte nicht, wer Uwe Johnson war.
Mr. Clough erzählte uns dann diese Begleitumstände: Uwe Johnson war zum letzten Mal am Mittwoch, dem 22. Februar, gesehen worden. An diesem Tage hatte er seiner Putzfrau Nora Harris, die seit Jahren dreimal in der Woche bei ihm saubermachte, gesagt, sie brauche erst wieder am 8. März zu kommen. Es gab für die Putzfrau keine Veranlassung, ihn zu fragen, was er vorhabe. Als sie dann zum ersten Mal am 8. März zu seinem Haus gegangen war, fand sie die Tür von innen mit einer Kette verschlossen, doch sie argwöhnte nichts. Sicherlich wollte Johnson nicht gestört sein. Sie

wiederholte den Versuch am Freitag, dem 9. März, und fand die Tür immer noch verschlossen. Durch den Briefkastenschlitz konnte sie all die Post und Zeitungen sehen, die im Flur lagen, und sie bemerkte auch, daß das Licht brannte. Doch auch das war nicht ungewöhnlich, denn Uwe Johnson hatte für die Zeit seiner Abwesenheit eine automatische Lichtanlage einbauen lassen. Jetzt jedoch teilte sie ihre Besorgnis den Wirten des Pubs mit, den Uwe Johnson häufig aufsuchte, die aber beschlossen, das Wochenende noch abzuwarten, vielleicht käme Charles, wie sie ihn nannten, ja zurück und man könnte doch nicht gegen seinen Willen in dessen Haus eindringen. Am Montag, dem 12. März, wurde der Beschluß gefaßt: Sie schlugen an der Rückseite des Hauses ein Kellerfenster ein, betraten das Haus und fanden Uwe Johnson im obersten Stock, in seinem Wohnzimmer, zusammengebrochen im Pyjama auf dem Boden in einer Blutlache liegend. Auf dem Tisch zwei leere Rotweinflaschen, die dritte zeigte Spuren, daß eine Entkorkung versucht, aber nicht gelungen war. Sie riefen die Polizei, diese ordnete eine Obduktion an und versiegelte das Haus.

Mr. Clough informierte auch Elisabeth Johnson von dem Letzten Willen: »I desire that I shall be cremated and that the cremation shall be carried out at the place or location that I shall die and I request that there shall be no music, speeches, flowers or any religious or other services whatsoever.«

Mr. Clough gab auch mir die Kopie eines Briefes von Uwe Johnson vom 21. Februar 1983, also genau ein Jahr zuvor geschrieben. Es war ein »Statement to my executor«, in dem folgender Passus enthalten war: »It is my wish that my wife should not be allowed to enter 26 Marine Parade at the date of my death although I realize she is part owner and I instruct my Executors to take all possible steps to prevent her from laying hands on anything in the house including any of the contents and I wish everything to be sold except those specific items mentioned in my will and for my Executors only to have control over my property and if necessary for them to appoint any required agents in England to make sure that my wishes are carried out.« Ich kannte ja das Testament seit jenem

Der Raum, in dem Uwe Johnson starb

5. November. Die Polizei, bei der das Obduktionsergebnis und also die Ursache des Todes noch nicht bekannt war, hatte Interesse an Angaben zur Person, zum Haus, zu den Lebensumständen. Der Rechtsanwalt benötigte Unterlagen für die Testamentsvollstreckung.

Danach betraten wir – Burgel Zeeh, der Anwalt, der Polizist des Ortes und ich – das Haus 26 Marine Parade – beklommen, bedrückt, nicht ohne innere Not.

Wieder eine Überraschung: Wenn man Unordnung erwartet hätte, genau das Gegenteil war der Fall. Die Gruppe der Freunde hatte noch einmal außerhalb der Legalität gehandelt! Noch einmal war die Putzfrau da, hatte aufgeräumt, gereinigt, man wollte denen, die da später kommen würden, den Anblick des Blutes ersparen. Als erstes betraten wir den Raum, in dem Uwe Johnson gestorben war und auf dem Boden liegend gefunden wurde. Alles schien noch so, wie es zur Stunde des Todes gewesen war. Zwei leere Rotweinflaschen waren weggeräumt, die beiden Korken lagen noch da. Die

Der aufgeschlagene *Spiegel* mit Uwe Johnsons Brille

letzte volle Flasche mit dem Korken, die Uwe Johnson wohl nicht mehr öffnen konnte, stand auf dem Boden, der Korkenzieher daneben, offensichtlich hatte Uwe Johnson noch versucht, die Flasche zu öffnen, und hatte beim Hinabbücken und der Anstrengung des Öffnens einen Herzschlag erlitten. Neben dem Fernseher lagen das Fernsehprogramm vom 22. Februar und eine handschriftliche Notiz über Katherine Hepburn und Humphrey Bogart mit dem Stichwort »deutschfeindlich«. Hatte er vielleicht an diesem Abend noch einen Film gesehen? Am anderen Ende des Tisches lag aufgeschlagen ein gebundener Jahrgang des *Spiegel*. Uwe Johnsons Brille lag darauf, als schaute er noch einmal in einen Tag der *Jahrestage* hinein. Auf dem Boden zeichnete sich die dunkle Spur des Blutes ab. Hier also hatte Uwe Johnson 19 Tage und Nächte gelegen. Hatte er sich noch einmal erinnern können an den Kamm des Güstrower Heidberges, an die Insel im See, an das hinter dem Wasser sanft aufsteigende Land »...welch Anblick mir möge gegenwärtig sein in der Stunde meines Sterbens«?

44

Der Bibliotheksraum in Uwe Johnsons Haus in Sheerness-on-Sea

Ich kannte diesen Raum, den großzügigsten des Hauses. Von ihm aus konnte man die Themse-Mündung als weiten See sehen. Ich sah an der Wand die große Karte »Mecklenburg«. Sonst befanden sich in diesem Zimmer Stiche, Schallplatten, der Fernseher, zwei schwarze Charles-Eames-Stühle, ein karges Zimmer zum Wohnen und Leben. Aber Kargheit herrschte überall. In seinem Schlafzimmer war das Bett noch ungedeckt, Ordnung in den Kleiderschränken, vorwiegend schwarze Ledersachen, daneben die Kaschmirjacke im Fischgrätmuster, die ich ihm einmal geschenkt hatte. Nebenan im Verschlag ein riesiger Vorrat an Rotwein, was mich überraschte, denn bei uns trank er nur Weißwein, und eine kleine Mauer Gauloises-Zigaretten. – Im Bibliotheksraum das gewohnte Bild. Viele Suhrkamp- und Insel-Bücher, die er über die Jahre hinweg von uns erhalten hatte. Auffallend ein Plakat von Max Frisch, ein Photo, das Martin Walser und seine Familie festhielt, ein Photo von William Faulkner und ein Photo von mir. Die Küche war aufgeräumt, am Küchenschrank ein geöffneter Brief des Suhrkamp

Der aufgeschlagene Terminkalender auf Uwe Johnsons Schreibtisch

Verlages mit der letzten Honorarabrechnung; Kontoblätter lagen in der Ordnung der Buchhaltung, so daß ich annehme, er hat sie nicht mehr gelesen, er kannte ja das Ergebnis unserer Besprechungen. In den Räumen in diesem Geschoß nichts Handschriftliches, keine Notizen.

Ganz anders nun das Arbeitszimmer im Souterrain. Ein riesiger Tisch, Bücherregale, eine große Bahnhofsuhr an der Wand, am Nebentisch seine elektrische Schreibmaschine, daneben aufgeschlagen sein Terminkalender 21./22. Februar 1984.

Auf dem Tisch Briefumschläge, adressiert an Max Frisch, Rolf Michaelis und Joachim Unseld. In seinem Papierkorb Schnitzel handschriftlicher Notizen, dann ein zerrissenes Büttenpapier mit der Niederschrift eines Textes, den wir kannten. Er war Helene Ritzerfeld zum 70. Geburtstag am 6. März gewidmet: »Heute wie seit 25 Jahren danke ich Ihnen für das beständige Andenken Peter Suhrkamps, das in all unseren Gesprächen anwesend war als Erinnerung an eine Verpflichtung.« Das sah Uwe Johnson so. Mut-

Uwe Johnsons Arbeitstisch

maßlich ist dies die letzte zusammenhängende Arbeit, die er geschrieben hat.

Dominierend neben dem Tisch die drei Regalreihen mit Büchern
und die beiden Aktenschränke. Die Regale enthielten vor allem
Nachschlagewerke, den *Brockhaus*, die *Encyclopaedia Britannica*,
die Jahrgänge des *Spiegel* und, soweit man feststellen konnte, wohl
sämtliche auf die *Jahrestage* bezogenen Ausschnitte der *New York
Times*. Herausragend war eine Spezialbibliothek mit Büchern über
Mecklenburg.

Rechts von der Tür zwei offene Rollschränke, die Belege seiner
»Begleitumstände«, alles in Leitz-Ordnern penibel geordnet, Korre-
spondenz, Kontoauszüge, Steuerabrechnungen, die Post war bis Fe-
bruar eingeordnet, einige Briefe lagen zum Einordnen bereit, die
Kontoauszüge waren bis zum 16. Februar 1984 abgelegt. Die Kor-
respondenz mit den Autoren, Freunden, also mit Martin Walser,
Max Frisch, Hans Magnus Enzensberger, Ingeborg Bachmann,
Margret Boveri jeweils in einem gesonderten Ordner. Es gab dann

Im frühen Sommer 1932 wollte Martha Klünder mit
Peter Niebuhr auf dem Wasser reisen, zum fünften
Mal. Sie waren verabredet für den dritten Donners-
tag im Mai auf dem Bahnhof von Fürstenberg an der
Havel; von da geht eine Nebenbahn nach Lychen.

Guten Tag, Petja.

Ja, es soll Marthß Geschichte sein. Aber fürs erste
haben wir nur dich bekommen mit dem Nachmittagszug
von der Küste, und der aus Berlin hat keine Martha
abgesetzt. Das kannst du, drei Bahnsteige absuchen
nach ihr mit einem Blick, die Enttäuschung macht
dir das Herz hohl, darin fehlt sie. Wenn ~~ein Na-~~
~~turwissenschaftler solche Empfindung sich nachwei~~
~~den kann, soll er sie eingestehen~~; was schert ʣ
die Mode mit den Worten. Dann wird die abgeschabte
Ziegelfront der Station Fürstenberg ein wenig kah-
ler, als die Vorfreude das wollte, und ein von der
Sonne streng versengter Güterwagen zeigt dir, wie
Einer es anfangen soll mit dem Warten.

PETER NIEBUHR, 1926: Was ich schlecht ab kann, das
ist Warten. Ich nehm dir das geradezu als einen An-
schlag auf mein Leben. Was kann einer tun in der
Zeit, die er fest angespart hat für den anderen?
MARTHA KLÜNDER, auch vor sechs Jahren: Aber auf
mich warten, das tust du.
PETER N.: Mit dir, lieber.
MARTHA K.: Dich kenn ich, du willst mir eine Uhr
schenken. Brauch keine Uhr.

19. Mai, 1932

Für diesen Tag hat Dr. Niebuhr sein blaues Maschi-
nistenzeug angezogen und die Bootsschuhe, hoch auf-
geschossen und kräftig in den Schultern ist er
auch, da darf eine oll' Fru ihm ihren Korb dicht
vor die Füsse setzen. Gehorsam greift er zu und
geht hinter ihr her und kann ihr wahrhaftig antworten, als fehlte ihm Nichts. Durch die offenen
Fenster der Bahnhofswirtschaft sieht er keine Martha. Wenn am Gepäckschalter Stücke auf den Namen
Klünder abgegeben wären, hätte er sie gleich erkannt. Er ist wahrhaftig imstande, zu reden mit
dieser Oma Labahn. Über die Maihitze, seit Pfin-
gsten. Die ganze letzte Woche ohne Gewitter, ohne
Abkühlung. Bei so trockenem Boden wie hier, es ist
ja manchmal das Getreide nicht aufgelaufen. Er
spricht ein so südliches Mecklenburgisch wie Grot-
mudding Labahn, sie hält ihn für einen Jungen aus
der Gegend. Vom Lande. Dann war er lange in der
Stadt, die Hände sind ihm schmal geblieben. Nach
der Art, in der er den Kopf herunterbeugt im
Sprechen, ist er das gewöhnt mit einer Person, die
ist einen Kopf kleiner als er. Ob das Küken sind
in diesem zugenähten Korb? Das sind Küken, die
sollen zum Postauto nach Bredereiche. Und was ist
sie dem jungen Herrn nun schuldig? Er kommt im
nächsten Jahr vorbei, da holt er sich ein Ei.

Erste Seite aus dem unvollendeten Text *Marthas Ferien*

48

weitere gesonderte Ordner. Ein anderer Schrank bewahrte Manuskripte, die Titel: »Ein unnützer Mensch« und »Marthas Ferien«.

Wir suchten nach einem möglichen Manuskript für die »Geschichte der Familie Cresspahl«. Uwe Johnson wollte dieses Manuskript ja Ende Mai fertighaben, und er hatte mir beim letzten Telefonat erklärt, gut voranzukommen. Er hatte in dieser Geschichte auch recherchiert; am 22. Februar 1984 beantwortete Joachim C. Fest eine Anfrage Uwe Johnsons über Flugzeuge. Doch sonst nur einige Zettel, kein fixiertes Manuskript. Im nächsten Raum, in einer erweiterten Bibliothek, die vorwiegend aus Belegexemplaren der eigenen Bücher bestand, entdeckten wir grüne Mappen. Die erste Mappe, die ich aufschlug, enthielt das Originalmanuskript der *Mutmaßungen über Jakob* mit handschriftlichen Korrekturen. War es dieses Manuskript, das ich 1959 gelesen und zur Publikation bestimmt hatte? Die nächste Mappe, die ich öffnete, enthielt ein Manuskript mit dem Titel »Ingrid«; ein Leitz-Ordner enthielt ein Manuskript und war beschrieben mit »Ingrid Babendererde. Reifeprüfung 1953«. Dies war also das Manuskript, dessen letzte Fassung Uwe Johnson 1956 geschrieben, am 22. Februar 1957 auf Veranlassung von Hans Mayer an den »Sehr geehrten Herrn Suhrkamp« geschickt hatte, es wurde im Verlag heftig diskutiert. Ich kritisierte es sehr. Suhrkamp hatte es erst angenommen, hatte aber dann doch nach einem Gespräch mit Uwe Johnson die Veröffentlichung abgelehnt.[1]

Wieder im Arbeitszimmer große Ordner mit Photos, die Uwe Johnson in verschiedenen Zeiten an verschiedenen Orten zeigen, merkwürdig genau registriert. Die Korrespondenz mit dem Verlag umfaßte mehrere Leitz-Ordner, und dann stießen wir auf einen hellbraunen Blindband mit Eintragungen von Elisabeth Johnson. Ich wußte, was das war. Ich legte das Buch sofort zurück.

---

1 Ich habe die Geschichte der Ablehnung und der Neuausgabe von *Ingrid Babendererde* beschrieben im Nachwort *Die Prüfung der Reife im Jahre 1953* in: Uwe Johnson, *Ingrid Babendererde. Reifeprüfung 1953.* Frankfurt a. M. 1985, S. 251–264 (auch erschienen als suhrkamp taschenbuch 1387).

```
Uwe Johnson                              22. Februar 1957
    über Herrn Eberhard Seel
    Berlin Wilmersdorf
    Wiesbadener Strasse 32



    Herrn Dr. Peter Suhrkamp
    SUHRKAMP VERLAG
    Frankfurt am Main
    Schaumainkai 5o
```

```
Sehr geehrter Herr Doktor Suhrkamp
dieser Brief betrifft das Manuskript INGRID BABENDERERDE /
Reifeprüfung 1953, über das Sie durch Herrn Professor Mayer
gesprächsweise unterrichtet sind und das ich Ihnen nun
übersende.
Ich bitte Sie also nachzusehen wie Sie es lesen mögen
und ob Ihr Haus ein Buch daraus machen will.
Ich versichere Sie meiner ausserordentlichen Hochachtung.
```

Brief Uwe Johnsons an Peter Suhrkamp in bezug auf sein Manuskript
Ingrid Babendererde/Reifeprüfung 1953

Immer wieder die Photos. Wie photogen Uwe Johnson war. Sie zeigten ihn im Kreise seiner Schriftstellerkollegen; eine Unmenge von Negativen.

Anwalt Clough öffnete ein schwarzes Köfferchen. Hier waren fein säuberlich aufgehoben der gültige Paß und abgelaufene Pässe, Brieftaschen, Portemonnaies mit verschiedenen Währungen, englische Pfund, US-Dollar, D-Mark, in drei Portemonnaies befand sich ein Zettel »in case of accident inform Dr. Siegfried Unseld...«. Im Koffer auch Urkunden seines Lebens: Geburtsurkunde, Schulzeugnisse, Schwimmausweis, ein gewonnener Wettbewerb bei der FDJ, die Heiratsurkunde, eine ärztliche Bescheinigung, die Aufenthalts- und Arbeitsgenehmigung für Great Britain, die jetzt zeitlich unbegrenzt war, und schließlich zwei Policen der Lebensversicherung Allianz, zunächst ausgestellt auf Elisabeth Johnson als Begünstigten, später geändert in Katharina Johnson, im April 1982 in Suhrkamp Verlag KG.

An der Regalwand hing ein Brief, in dem Uwe Johnson von meinen Mitarbeitern gebeten wurde, aus Anlaß meines 60. Geburtstags eine Erinnerung zu schreiben. Neben diesem angepinnten Brief wieder ein Photo von mir, das ich längst vergessen hatte, bei der Entgegennahme der Ehrendoktorwürde an der Washington University in St. Louis. Wie hatte er in seinem Brief geschrieben: »For the past four years I would not have been able to survive without their generosity, and I wish to repay the kindness and the steadfastness of my publishers by bequeathing any money and property I have to them, as I may owe them a great debt at the date of my death.«

Eine Ewigkeit und doch nur einen kurzen Augenblick waren wir in Uwe Johnsons Haus. Beklommen, nicht ohne Vorwürfe, mit innerer Not. Aber wir bewunderten auch die innere und äußere Leistung dieses Menschen, seine Gipfel, seine Abgründe.

Am späten Nachmittag waren wir mit Elisabeth Johnson verabredet. Sie glaubte die Situation zu kennen. Jedenfalls sagte sie mir, sie wolle Witwe von Uwe Johnson nur in Sheerness sein. Sonst wisse sie, wie Uwe alles geregelt haben wollte, und sie stimme dem zu. Sie wolle den Willen von Uwe Johnson erfüllen. Dann aber die Frage der Beerdigung, die Form hatte Uwe Johnson bestimmt. Aber wie soll die Kremation vor sich gehen? Nach englischem Recht heißt es, »there is no property in a dead body... The Executors have the right to possession of the body and the duty of bury it.«

Nach unserem Gespräch brachte uns Elisabeth Johnson in den Pub, in dem Uwe Johnson Stammgast war: The Napier, 1 Alma Road, Sheerness-on-Sea. Wir treffen dort die beiden Wirte: Mr. Colin E. Mason und Ronald Peel. Colin E. Mason war der Mann, der Uwe Johnson am 12. März zusammen mit der Putzfrau Nora gefunden hatte. Später findet sich auch Louis Miller, ein ehemaliger Feuerwehrmann, ein. Er ist der älteste und bekannteste Pubkunde. Elisabeth Johnson verabschiedete sich nach einem Drink; sie hatte diesen Pub seit 1978 nicht mehr betreten.

Was wir hier erlebten, war mehr als eine Überraschung. Als ich die Kneipe verließ, wußte ich, warum Uwe Johnson diese fast zehn Jahre in Sheerness verbracht hatte. Dreimal habe ich ihn dort besucht. Jedesmal war mein Gefühl beim An- wie beim Abreisen dasselbe: wie kann man hier wohnen, wie kann man hier schreiben wollen, in dieser heruntergekommenen Stadt, mit geringsten oder eigentlich keinen Möglichkeiten, das zu erhalten, was das äußere Leben lebenswert macht. Und wie ungünstig lag dieser Ort für Kommunikation mit Freunden. Gewiß, so oft ich ihn bewogen habe, Sheerness aufzugeben, leuchtete mir sein Gesichtspunkt ein, daß nur das sein Arbeitsort sei, daß er nur hier die *Jahrestage* vollenden könnte. Aber nun wurden mir die Augen geöffnet. Ich konnte mir vieles im Leben von Uwe Johnson nicht vorstellen, das aber, was ich dort hörte, erst recht nicht. Doch es muß so gewesen sein: Neun Jahre lang kam Uwe Johnson, wenn er sich in Sheerness aufhielt – und das war doch die meiste Zeit dieser neun Jahre –, jeweils einmal am Tage, mittags oder abends, in den Pub. Gewöhnlich kam er abends, er trank immer dasselbe: mehrere Gläser Hürlimann-Bier (er hatte mit der Brauerei in der Schweiz von Sheerness aus korrespondiert, um sich der natürlichen Essenzen dieses Bieres zu versichern) und zum Abschluß Bloody Mary, Tomatensaft mit Wodka. Er saß immer am selben Platz, von dem aus er die beiden, von der Theke geteilten Räume der Kneipe übersehen konnte. Er sah die Leute kommen und gehen. War sein Platz einmal besetzt, so setzte er sich so auffällig daneben, bis er ihm geräumt wurde. Später war es dann so, daß der Platz ihm automatisch freigemacht wurde, sobald er den Pub betrat. Und nun das Aufregende: neun Jahre lang hat Uwe Johnson kein Wort vernehmen lassen, daß er Schriftsteller ist, niemand hat ihn gefragt, was er arbeite.

Keiner wußte es, keiner kannte seine Bedeutung. »He was a private man, he was a private man« – das war der Satz, der immer in die Unterhaltung mit Mr. Miller und Mr. Peel einfloß. Und Uwe Johnson hieß auch nicht Mr. Johnson, sondern Charlie, Charles oder Charles Henry. Mit Charles wurde er angeredet und Charles war er. He was a private man. Als ich fragte, was man sich gedacht hätte, was er tun würde, was er sei, war die Antwort, er habe ein gewisses professorales Gebaren gehabt, weil er immer etwas gelesen oder notiert habe, gelesen habe er die Zeitung, auch schon einmal ein Buch, geschrieben habe er in ein kleines Notizbüchlein oder in irgendeinen Kalender, manchmal habe er auch auf Zigaretten-schachteln etwas notiert.

Dann konnte ich meinen Augen nicht mehr trauen: An den Wänden der Theke hingen Kartons, größer als DIN A4, mit Peanut-Säckchen. Jetzt fiel es mir ein: Uwe Johnson hatte jedesmal, wenn er uns besuchte, solche Kartons mit Erdnüssen mitgebracht, ich hatte ihm mehrfach gesagt, daß ich das wegen des hohen Kaloriengehalts nicht essen würde, er ließ sich nicht davon abbringen.

Der Wirt erzählte lächelnd, vor jeder Reise nach Deutschland habe er ein solches Päckchen bei ihm gekauft, und dann: »Charlie war ein sehr freundlicher Mensch, auch mir hat er immer etwas mitgebracht von einer Reise. Sehen Sie, da!« Die oberste Reihe des Glä-

serregals der Bar war voll mit kleinen, mir sehr bekannten Fläschchen mit Whisky und Cognac, mit Zuger Kirsch, Elsässer Mirabelle de Lorraine, mit Schwarzwälder Himbeergeist. Ich habe diese Fläschchen, die Fluggesellschaften an Passagiere verschenken, immer angenommen, sie bei mir zu Hause gesammelt, weil ich wußte, daß Uwe Johnson immer, wenn er hier war, sie gerne mitnahm. Daß sie in einem Pub in unwirtlicher englischer Gegend landen würden, das habe ich mir nicht träumen lassen. Charles war allseits beliebt. Er ließ sich von den Leuten zu einem Drink einladen oder er lud sie seinerseits dazu ein. Einem älteren Mann, gehbehindert, erfüllte er einen Lebenswunsch: mit ihm besuchte Uwe Johnson die Isle of Man. Einen anderen nahm er mit nach New York. Als die Angehörigen einer älteren Dame, die Uwe im Pub kennengelernt hatte, die Beerdigung nicht bezahlen konnten, half er mit Geld, damit sie würdig gestaltet werden konnte, und für den Trauergottesdienst ist er dann auch ein einziges Mal in die Kirche gegangen. Jetzt begann ich zu verstehen, warum Uwe Johnson in Sheerness war und dort bleiben wollte. Dort, und wirklich nur dort, war er dieser »private man«, niemand verlangte etwas von ihm, keine Stellungnahme zu irgendeinem Ereignis, keinen Kommentar, keine Meinungsäußerung. Er mußte nichts öffentlich sagen. Er war keine Autorität, nur ein Mensch und zudem beliebt. He was a private man – man muß bedenken, daß ›private‹ in England anderes und mehr bedeutet als bei uns. Hier ist jemand fast verdächtig, wenn er ›privat‹ ist und sich nicht von sich aus äußert. ›Privat‹, so belehrt uns die Etymologie, heißt bei uns in erster Linie ›amtslos‹, es bedeutet häuslich, allem öffentlichen und Gemeinsamen entgegengesetzt. Im 16. Jahrhundert hieß ›privat‹, aus dem lateinischen ›privatus‹ (vom Staat abgesondert), ›für sich stehend‹, im Sinne von ›nicht der Öffentlichkeit angeschlossen‹. Das Partizipialobjekt stammt vom lateinischen ›privare‹, berauben, befreien, sondern. Die hohen Herren hatten ein Privatleben. Der Privatnutzen war oft dem der Öffentlichkeit entgegengestellt.
Privatisieren heißt ja jenseits der Öffentlichkeit als Privatmann, als Rentner leben. Im Englischen ist diese Bedeutung der Zurückgezo-

26, Marine Parade, Sheerness-on-Sea

genheit viel positiver. Ein ›private gentleman‹ ist ein Privatmann
von Ansehen, eine ›private road‹ ist eine nichtöffentliche Straße,
aber dadurch etwas Besseres. Es gibt ›private door‹ die Geheimtür,
›private hand‹ die Privathand, ›private theatre‹ das Liebhaberthea-
ter, ›private bill‹ im Parlament ein besonderer Antrag eines Abge-
ordneten, ›private‹ heißt eigen sein, fürsichsein, vertraulich, zurückgezogen. Für die edlen Teile des Menschen wird das Wort ›private
parts‹ herangezogen. Der ›private man‹ ist also nicht der der Öffentlichkeit Entgegenstehende, sondern der Mann, der für sich aus eigenem Gewissen, aus Eigen-Sinn handelt und der hochgeachtet ist.
Als Brecht, Elisabeth Hauptmann und Bentley *Furcht und Elend
des Dritten Reiches* ins Englische übersetzten, gaben sie siebzehn

Szenen den Obertitel »The private life of the Master Race«. Im Deutschen wäre das Brecht nicht eingefallen.

Sheerness war also nicht nur, wie Uwe Johnson erklärte, Arbeitsort, es war für ihn ein Ort seines Lebens. Ich habe das zu wenig gesehen.

Natürlich fragten wir die Leute im Pub immer wieder, wie konnte der Tod so lange unentdeckt bleiben? Uwe Johnson war zuletzt am Mittwoch, dem 22. Februar, mittags in den Pub gekommen. Wieder hatte er zum Abschluß Bloody Mary getrunken. Neun Jahre lang war er nur einmal am Tage gekommen, an diesem Tag kam er noch ein zweites Mal, darum konnten die Wirte sich so genau daran erinnern: Er hatte noch einmal eine Bloody Mary getrunken, dann hätten sie ihn nicht mehr wiedergesehen. Charles hätte in diesen Tagen nicht gut ausgesehen, das Gesicht sei rot gewesen, er habe unaufhörlich geschwitzt, er sei zu korpulent gewesen. Einer der Wirte habe ihn darauf angesprochen, aber er habe nur gelächelt und gesagt, das sei nun eben so; an diesem letzten Tag hatte er gewünscht, die Putzfrau möge die folgende Woche nicht kommen, er erwarte sie wieder am Donnerstag, dem 8. März. Daran hat sich Nora Harris strikt gehalten. Es gab auch keine Veranlassung, ihn zu fragen, was er vorhabe. He was a private man.

Ich besuchte am nächsten Morgen noch einmal Elisabeth Johnson, bei der auch Frau Landgraf zu Gast war. Wir sprachen über das Testament. Inzwischen stand das Ergebnis der Obduktion fest: Herzversagen. Die Leiche wurde zur Beerdigung freigegeben. Die Einäscherung fand am Freitag, dem 23. März 1984, statt. Für mich war es selbstverständlich, anwesend zu sein. Ich hatte Uwe Johnson versprochen, seine Wünsche zu erfüllen, also auch seine Anordnung: ›No music, speeches, flowers or any religious or other services whatsoever.‹ Ich ging wieder zum Anwalt. In seinem Büro sah ich einen mir jetzt beziehungsreichen Werbeprospekt »Making a will won't kill you«. Das kommt doch sehr darauf an.

Elisabeth Johnson hatte gewünscht, daß der Sarg noch einmal vor

das Haus 26 Marine Parade gebracht werde. Sie wollte sogar, daß der Sarg ins Haus hineingetragen würde. Wir trafen uns, von zwei Seiten kommend, vor dem Haus. Elisabeth mit Katharina, Frau Landgraf und Frau AnHuef, der Schwester von Uwe Johnson. Ich kam mit dem Anwalt Clough hinzu. Als der Leichenwagen vorfuhr, kam hinter der Mauer plötzlich ein Photograph heraus. Katharina Johnson wurde ärgerlich und rannte weg. Elisabeth Johnson wünschte, daß ich den Photographen vertreiben sollte, aber dazu hatte ich keine Befugnis. Sie stiegen in den Wagen des Leichenbestatters, ich fuhr im Auto des Anwalts nach Maidstone. Wir fuhren an dem Friedhof vorbei, der zu Sheerness gehört und im Ortsteil Halfway liegt. In Maidstone-Vinters Park betraten wir die Halle. Der Sarg war aufgebahrt, rechts und links hatte das Beerdigungsinstitut zwei winzige Blumensträuße arrangiert, das war von niemandem vorauszusehen oder zu verhindern gewesen. Nach langen Minuten schloß sich der große, himmelblaue Vorhang und nahm uns die Sicht auf den Sarg. »Für wenn ich tot bin«.
Die Tür der Leichenhalle wurde wieder geöffnet, wir traten ins Freie, dort lag ein Blumen- und Kränzemeer für andere Bestattungen.

Elisabeth Johnson drängte als nunmehrige Alleinbesitzerin auf schnelle Räumung des Hauses 26 Marine Parade, die freilich erst nach der Testamentseröffnung möglich war. Vom 30. Mai bis 1. Juni waren Joachim Unseld, Raimund Fellinger und Dr. Felix Landgraf, der Testamentsvollstrecker, im Hause, um zu sichten und die Räumung vorzubereiten. Das Haus wurde photographiert, die Innenräume, die Bibliothek und das offen liegende Arbeitsmaterial. Die wichtigsten Materialien, Manuskripte und die Korrespondenzen wurden in Koffer gepackt, dem Anwalt übergeben, der sie bei der Bank bis zur Testamentseröffnung verwahrte. Die Bibliothek im ersten Stock, die etwa zehntausend Bände umfaßte, wurde photographisch registriert, die große Mecklenburg-Sammlung, die Ausschnittsammlung der *New York Times* und des *Spiegel*. Das Merk-

würdige: es fand sich im ganzen Haus kein Material, das als Vor-
fassung zu den *Jahrestagen* gedient haben könnte.

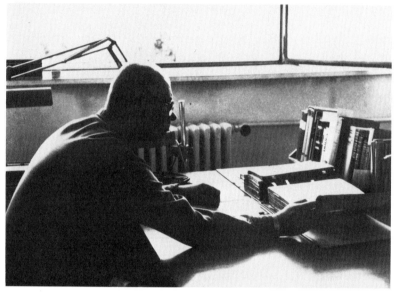

Der Arbeitsprozeß: Uwe Johnson mit einem der *New-York-Times*-Ordner

Die Testamentseröffnung im High Court of Justice, District Pro-
bate Registry at Brighton, für »Uwe Klaus Dietrich Johnson« fand
am 12. Juni 1984 statt. Nach Ablauf der Einspruchfrist konnten
Ende September die noch im Haus verbliebenen Gegenstände und
die bei der Bank verwahrten Koffer nach Frankfurt gebracht werden. Ich hatte inzwischen mit der Johann Wolfgang Goethe-Universität eine Vereinbarung treffen können, wonach in den Räumen der
Universität ein Uwe Johnson-Archiv eingerichtet werden sollte. Die
Universität schaffte die räumlichen und personellen Voraussetzungen. Der Leiter des Uwe Johnson-Archivs, Dr. Eberhard Fahlke,
widmet sich dieser Aufgabe mit großer Kompetenz und Hingabe.
Direktor des Archivs ist Professor Dr. Volker Bohn. Die Peter Suhrkamp Stiftung, auf die nach ihrer Gründung der Johnson-Nachlaß

übertragen wurde, übergab diesen Nachlaß als Dauerleihgabe an die Universität; Stiftung und Verlag kommen für die Kosten des Archivs auf. Im Februar 1985 war das Archiv so weit eingerichtet, daß die eigentliche Archivierung beginnen konnte. Heute sind aus rechtlichen Gründen einige private Dokumente unter Verschluß, das Archiv selbst steht jedoch der Forschung zur Verfügung. Wie kaum ein anderes Archiv gibt es Einblick in die Werkstatt eines Schriftstellers, ja, es läßt den Forschenden förmlich über die Schulter des Schreibenden schauen.

Es wird im Laufe der Jahre auch Aufschluß über den Menschen Uwe Johnson geben, über seine schreckliche Einsamkeit, und über seine »gelegentliche Empfindung... ein Dasein auf der Erde verlohne sich«. – Bisher sind nur Mutmaßungen möglich.

Peter von Matt untersuchte in seinem brillanten literaturästhetischen Werk *Liebesverrat* die »Treulosen in der Literatur«; er wollte herausfinden, warum alles Erzählen und Dichten und Theaterspielen »immer wieder zurückkommt auf Liebesverrat«. Seine Spurensuche beginnt mit der antiken Erotik, führt über das Beispiel Boccaccio zur bürgerlichen Literatur, zu Goethe – dann zu den klassischen Zeitgenossen Horváth und Brecht und schließlich zur Gegenwart, zu den Werken von Ingeborg Bachmann, Max Frisch und Heinrich Böll. Der Schluß des Buches gilt jedoch Uwe Johnson, das Kapitel trägt die Überschrift »Eine radikale Ehe«. Von Matt analysiert Johnsons *Skizze eines Verunglückten*, eine Erzählung »voll gewaltiger Wichtigkeiten«, »wie sie denn überhaupt ein ausgesprochenes Werk ist auf ihren so schmalen 75 Seiten«. Peter von Matt gibt eine Schilderung des autobiographischen Hintergrunds der Geschichte von Joachim de Catt, der in den USA seinen Namen in Joe Hinterhand änderte. »Mir hätte der Name«, meint der Erzähler, »weiterhin eingeleuchtet, weil er einem niederdeutsch gebildeten Leser das Betragen einer Katze ankündigte«. Hinterhand hatte seine Frau nicht nur wegen Untreue mit einem Agenten eines befeindeten Staates ermordet, er litt auch an einer tödlichen Verletzung, weil er die Treulosigkeit auf die Sprache bezog, auf sein

Leben mit Sprache. »Die Besiegelung durch Poesie«, schreibt von Matt, »ist keine Zutat. Das Geheimnis der hier entworfenen Ehe ist nämlich von Anfang an verknüpft mit dem Geheimnis der Sprache, des Ineinanderwachsens durch die Rede.«

Peter von Matt hat nachgewiesen, daß Johnson in dieser Erzählung ein Hauptmotiv aus den *Wahlverwandtschaften* aufgegriffen hat. Mir war bekannt, daß Uwe Johnson in Leipzig durch seinen Lehrer Hans Mayer zu den *Wahlverwandtschaften* geführt worden ist – in einem Oberseminar bei diesem hat er, nach dem Beginn des Romans befragt, die erste Hälfte der ersten Seite aus dem Gedächtnis zitiert; am Anfang der *Begleitumstände* hat er als »Paten« der Poetik Goethe und insbesondere diesen Roman erwähnt. Ich verdanke aber Peter von Matt den so wesentlichen Hinweis, daß Johnson für die Erzählung des J. Hinterhand ein Hauptmotiv aus den *Wahlverwandtschaften*, Ottiliens stumme Geste, aufgenommen hat. Als sich J. de Catt von seiner Freundin verabschiedete, macht diese ein Geste »des stillschweigenden Versprechens« auf Treue, »wobei sie die Hände flach vor der Brust gegeneinander verschoben habe«. Diese Gebärde nahm Hinterhand als Ritual des Liebesvertrags, er sei ihr »eingedenk gewesen von Boston bis New Orleans«.

Zweimal wird bei Goethe Ottiliens Geste erwähnt, am auffälligsten am Schluß des Romans, dann »drückte sie die flachen, in die Höhe gehobenen Hände zusammen, führte sie gegen die Brust...« Für von Matt wirken diese Gesten wie ein Ja bei Goethe und wie ein Nein bei Johnson, bei Goethe »ruhen die Liebenden«, bei Johnson ist Verzweiflung angekündigt. Bei Goethe ändern sich die Menschen, wenn sie lieben, bei Johnson ist Verrat vorgegeben. Von Matt schließt zu Recht seine Analyse mit der Einsicht: »Über ihn (die *Wahlverwandtschaften*) führt der Weg zum Verständnis aller Treulosen und Verräter in Goethes Werk, und die Treulosen und Verräter in aller Literatur gewinnen vor dem Hintergrund dieses Romans einen Umriß, der es möglich macht, sie gegeneinander aufzuheben, sie ebensosehr in der Besonderheit ihres historischen Orts zu erkennen wie im Ungestüm ihrer Gegenwärtigkeit über Jahrhunderte hinweg.«

»...seine Leute waren keine ›Tante Emma‹ für ihn«

Bei Uwe Johnson tritt zur »Besonderheit« des »historischen Orts« und zum »Ungestüm« einer Gegenwärtigkeit noch ein drittes Element. Dies ist der Umgang mit seinen Figuren. Ich meine, dies macht die Einzigartigkeit dieses Schriftstellers aus. In den *Begleitumständen* belegt er dies indirekt. Er, der Schriftsteller, warnte im Mai 1979 die, die ihr Leben »auf das sogenannte Schreiben« einrichten wollten: »Hätte es damals eine Wahl gegeben, ich riete mir von heute her zur Schmiedelehre.« Wie er dann doch Schriftsteller geworden ist, das weisen die *Begleitumstände* in eindrucksvoller Weise nach. Ein erster Anstoß war der Trotz des jungen Mannes gegen die Behörden der DDR, gegen die »werten Genossen vom Ministerium für Kultur, Kommission für Absolventenlenkung«, die ihn von seinem Arbeitsplatz der DDR »entwöhnten«, die ihn »unten halten«, die ihn »kaltstellen wollen«, aber so einer »steht auch beiseite, und hat Zeit«. Aus diesem Beiseitestehen und Zeithaben resultiert eine für den jungen Uwe Johnson charakteristische Haltung, die von da an sein Leben prägt und ihn zum Schriftsteller werden läßt: »Das ist die Position des Beobachters. Er sieht sich an, was da ist, er zählt es. Und da ihr ihn habt unterrichten lassen über die Funktion der Vorsilbe ›er-‹ im Deutschen, wird er am Ende geraten ins Erzählen. Denn ihr umgebt ihn mit Vorfällen, die er beim besten Willen wahrnehmen muss.« Aus der Haltung des Beobachters, des Zählers von Vorgängen, des Erzählers entwickelte sich die für diesen Schriftsteller kennzeichnende epische Position, die des »Aufschreibers«.

Am 11. Juli 1957 besuchte Uwe Johnson, der Ende Februar 1957 dem Suhrkamp Verlag das Manuskript *Ingrid Babendererde. Reifeprüfung 1953* eingereicht hatte, Peter Suhrkamp in West-Berlin. »Es juckt mich, ein Buch daraus zu machen«, hatte Suhrkamp geschrieben. Aber es kam anders. »Der alte Herr«, so die *Begleitumstände*, »der den Besuch begrüsste mit ausgesuchten, verschollenen Manieren, hielt ihn sogleich an, mitzuarbeiten an der Ablehnung seiner eigenen Arbeit.« Nach vierwöchigem Nachdenken war für Johnson ein Brief an Suhrkamp möglich: »Wenn Sie aus dem Manuskript kein Buch machen möchten, bin ich also einverstanden.« (Für die Geschichte hielt er dabei fest, daß Suhrkamps Mitarbeiter Siegfried Unseld diesem von der Annahme abgeraten hat.) Dann zog Uwe Johnson »Bilanz«: Negativ sah er das Scheitern der Veröffentlichung seiner ersten Arbeit im Osten wie im Westen. Positiv: die Chance, eine neue Arbeit zu beginnen. Und wichtig waren ihm »vier Jahre Lehrzeit«. Gewonnen hatte er, so auch die Bilanz, »den Auftrag, nach der Familie Niebuhr zu suchen, insbesondere Martin Niebuhr, den alten Niebuhr«. Er hat ihn gefunden; in *Ingrid Babendererde*, in *Karsch* und in den *Jahrestagen* ist der alte Niebuhr festgehalten, der Vorarbeiter beim Wasserstraßenamt Mecklenburg, der Retter der Schleuse Wendisch-Burg, als die Sprengmeister der SS sie vor der anrückenden Roten Armee zerstören wollten; er war verheiratet mit Gerda Cresspahl, der Schwester Heinrich Cresspahls, des Kunsttischlers aus Jerichow. Eine andere »Bilanzforderung« heißt: »Erichson ist aufzuspüren«, und er spürte ihn auf, diesen Wissenschaftler Dietrich Erichson, der nach dem 17. Juni 1953 die DDR verläßt, in die USA emigriert, dort »Professor of Physics« wird und im Dienste der US-Luftwaffe Frühwarnsysteme betreut; er wollte im Herbst 1968 Gesine Cresspahl heiraten, aber am 4. August desselben Jahres »gegen 8 Uhr morgens« stürzt er mit dem Flugzeug ab.

Erworben hat sich Uwe Johnson den »dauerhaften Umgang« mit »diesen Leuten«, dem Reichsbahnstreckendispatcher Jakob Abs, dem Journalisten Karsch, mit den Niebuhrs, den Cresspahls, de Rosny, Joe Hinterhand, Anita Gantlik und den anderen dieses großen Kosmos, hauptsächlich aber immer wieder »den fortdauernden Umgang« mit Gesine Cresspahl.
Gesine Cresspahl ist heute eine Figur der zeitgenössischen Weltliteratur wie der Blechtrommler Matzerath von Grass, Stiller von Frisch, Anselm Kristlein von Walser. Gefragt, wie er auf diesen Namen gekommen sei, erzählte er mir, daß er einmal in seiner

Jugend gehört habe, wie der Name Gesine zu einem vierjährigen Kind gerufen wurde, daß ihn damals die Vokale »e« und »i« so bezaubert hätten wie später bei Fontane der Name Effi; und Cresspahl klinge zwar ordentlich mecklenburgisch, aber es gebe dort keinen Cresspahl und ihm sei der Name auch nie vorgekommen. In dieser Weise wurden die Personen der Romane von ihm selbst »erfunden«, bis sie dann ein Stück von ihm geworden sind. In Gesine Cresspahl verliebte sich Jakob Abs so heftig, daß er sich kahlscheren ließ, als Gesine durch Typhus im Jahr nach dem Krieg ihr Haar verlor. (Auch Uwe Johnson trug sein Haupt fast kahlgeschoren.) Kind dieser Liebe war Marie Cresspahl, geboren am 21. Juli 1957 in Düsseldorf. Mit ihr geht Gesine 1961 nach New York, mit ihr führt sie Gespräche, die der »Genosse Schriftsteller« aufzeichnet, und Gesine hält ebenfalls auf Bitten Maries Erinnerungen fest, »für wenn ich tot bin«.

Zu Gesine und Marie tritt freilich noch eine weitere ältere Dame als Figur hinzu, die *New York Times*; es ist vielleicht der raffinierteste Kunstgriff Johnsons, New York durch die naiv-altkluge Denk- und Frageweise des Kindes Marie einerseits und andererseits durch die allwissende Nomenklatur der »alten Dame« vom Times Square lebendig werden zu lassen; ich kenne kein Buch eines Nicht-Amerikaners, in dem New York ebenso real und konkret wie poetisch dargestellt ist.

Doch wie stark solche Lebensläufe auch die erzählerische Struktur bestimmen, der Erzähler weiß mehr, denn für den Lebenslauf von Gesine Cresspahl sucht der Autor »nach den Einwirkungen von vier gesellschaftlichen Systemen auf ihr Leben«, und so leuchten denn als Basis dieses Lebenslaufes deutsche Geschichte dieses Jahrhunderts und die Gesellschaft in »vier Systemen« auf. Am 3. März 1933 wurde Gesine in das faschistische Deutschland hineingeboren, ihre Jugend erlebt sie in der DDR, nach dem 17. Juni 1953 bleibt sie in West-Berlin, läßt sich in Frankfurt zur Diplom-Dolmetscherin ausbilden, arbeitet als Übersetzerin (beim Amt für Manöverschäden der NATO in Mönchen-Gladbach) und später dann in Düsseldorf im Bankwesen. 1961 siedelt sie mit ihrer vierjährigen

Tochter nach New York über, wo sie in einer amerikanischen Bank arbeitet, um gewissermaßen die Inkarnation westlichen Kapitalismus zu studieren. Es zählt zu den großen epischen Leistungen Johnsons, daß er diese historischen Umrisse nie als vordergründigen Bericht oder als historische Schilderung gibt. Seine »Katze Erinnerung« hält sich ausschließlich an »Verhältnisse«, die ganz persönlich zu Gesine gehören, und dies schafft seinem poetischen Verfahren einen weiten Raum, die verschiedensten Formen des Erzählens, Dialog, Monolog, Zeitungsmeldung, Tagebucheinträge, Wetterbericht, Anekdoten, Scherze unterzubringen. Der Erzähler spielt mit der Form der Erzählung – »hier wird nicht gedichtet. Ich versuche, dir etwas zu erzählen«, sagt Gesine zu Marie. Und an anderer Stelle fragt Gesine ihre Tochter: »Wollen wir springen in der Erzählung?«

Wer erzählt? Die Frage wird immer wieder spielerisch, ja heiter gestellt. Es sei die Anmerkung erlaubt, daß die *Jahrestage*, die oft die grausamsten Seiten der Weltgeschichte rekapitulieren, die Vorgänge wie das Konzentrationslager und die Massengräber von Fünfeichen vorzeitig, also bevor die Umwelt nach dem 9. November 1989 sie entdeckt hat, beschrieben haben, durchaus auch einen heiteren Charakter haben. Am 3. November 1967 besucht Gesine Cresspahl in New York den Vortrag des Schriftstellers Uwe Johnson. Der Vortrag vor einem jüdischen Publikum wird zum Fiasko für den deutschen Schriftsteller, Gesine Cresspahl aber lernt »ihren« Autor kennen, der ihre eigene Geschichte auch als die seine erfahren hat: »Wer erzählt hier eigentlich, Gesine. / Wir beide. Das hörst du doch, Johnson.« Immer wieder beantwortet der Autor die Frage »Wer erzählt?« mit der Antwort: »Wir beide, Gesine«. Der Autor Johnson vermag mit seiner »Katze Erinnerung« freilich gut umzugehen; er reflektiert oft die Beziehungen zwischen Erinnerung, Gedächtnis und die Vergegenwärtigung durch Geschriebenes. Er weiß, der Versuch, Vergangenes nur durch das Gedächtnis zu fassen, ist vergebens, der »vielbödige Raster aus Chronologie und Logik« wird nicht vom Hirn bedient. Für sein poetisches Denken bedeutet dies: »Das Stück Vergangenheit, Eigentum durch Anwesenheit, bleibt versteckt in einem Geheimnis, verschlossen gegen Ali Babas Parole, abweisend, unnahbar, stumm und verlockend wie eine mächtige graue Katze hinter Fensterscheiben, sehr tief von unten gesehen wie mit Kinderaugen.«

Wie mit Kinderaugen. Vielleicht gehen deshalb Geschichten, Vorgänge, persönliche Verhältnisse so nahtlos ineinander über. Der Vizepräsident der Bank wünscht sich eine Ausdehnung des »Kreditgeschäftes«, und er denkt hierbei an die ČSSR als neue geschäftliche Möglichkeit. Gesine ergreift diesen Auftrag, weil sie, bewußt oder unbewußt, nach einem dritten Weg sucht, weil sie den »durch den ›Prager Frühling‹ an die Macht gekommenen neuen Führern der ČSSR« helfen will, den Frühling zu fördern; für sie ist es gleichzeitig ihr »letzter Versuch, sich einzulassen mit der Alternative Sozialismus«. Gesine kann dieses Ziel nicht erreichen. Die in Prag einrollenden sowjetischen Panzer zerstören das Geschäft wie die Zuversicht. Doch wie auch immer: die *Jahrestage* haben Gesine Cresspahl ein Denkmal gesetzt, dauernder als Erz. So die »Bilanz« von 1957 und so das Resultat von 1983.

War Uwe Johnsons »Einverständnis«, kein Buch aus dem Manuskript *Ingrid Babendererde. Reifeprüfung 1953* zu machen, auch darin begründet, daß dieser Text zu sehr eine »Probe auf die Erfindung« war, während er jetzt beobachten, erzählen, aufschreiben wollte? Er notierte in den *Begleitumständen* unmittelbar nach der »Bilanz«:

»Erfahrung im Prozess des Erfindens: er ist vergleichbar dem Vorgang der Erinnerung, die eine längst vergessene, in diesem Fall noch unbekannte, Geschichte wieder zusammensetzt, bis alle die Leute, ihre Handlungen, ihre Lebensorte, ihre Geschwindigkeiten, ihre Wetterlagen unauflöslich mit einander zu tun bekommen. Dabei ist das Suchen nach der Technik eines Arbeitsvorgangs oder nach einer Landschaft als Ort der Handlung als Ermittlung geboten; die bewusste Suche nach den Personen ist grundsätzlich von Schaden. Hier muss jede Absicht fehlen. Sie müssen freiwillig auftreten, in sich stimmig aus eigenem, in ihrem eigenen Recht, dem Urheber ebenbürtig. Dann werden sie ihm helfen und ihn gelten lassen als einen Partner, wenn er umgeht mit ihnen in seinem Bewusstsein und nun zu Papier.«

Selbstverständlich ist es der erfahrene Schriftsteller von 1979, der eine solche Summe seines schriftstellerischen Bewußtseins, seiner poetischen Absicht so souverän zu formulieren vermag. Aber schon der Schriftsteller des Jahres 1958 hatte die Vorstellung vom freiwilligen Auftreten der Personen, die in sich stimmig und mit ihrem Urheber und Erfinder ebenbürtig sein sollen. Damals, 1958, ging Uwe Johnson gelegentlich in West-Berlin zu »Herrn Suhrkamp«, er hatte das Gefühl, ihm irgendwie zur Rechenschaft verpflichtet zu sein, und erzählte ihm, er sei nunmehr »leidlich firm« im Eisenbahnwesen, eine Figur, die alles tragen könnte, sei vorhanden. Wenn Suhrkamp wolle, könnte ein Buch daraus entstehen. Suhrkamp reagierte zögernd, für ihn charakteristisch. Er erbat von Uwe Johnson ein Exposé für das ganze Buch! Für Johnson war das ein »zuwiderer Auftrag«, der dann auch scheiterte, weil Suhrkamp aus dem Exposé nichts ersehen konnte. Uwe Johnson verstand das wiederum. Auch er war unzufrieden mit der Arbeit, der Auftrag »störte den Verfasser, sobald er auf Papier mit seinen Leuten zu verhandeln begann«. In einem solchen Exposé, in einem Bericht über eine mögliche Erzählung war die von ihm gewünschte Verhandlung »mit seinen Leuten« einfach nicht möglich. Diese ließen sich nicht kommandieren für ein Exposé, über das ein Dritter entscheiden sollte, was daraus werden würde. Seine Personen »waren lebendig für ihn, er arbeitete Hand in Hand mit ihnen an einem Plan und seiner Ausführung«. – Dieses Exposé ist für lange Zeit ein Stein des Anstoßes für Uwe Johnson gewesen, »immer war der Würgegriff zu finden in den Armknochen jenes Skeletts, das in Frankfurt am Main in einem Aktenschrank eingesperrt war«. Dringlich bat Uwe Johnson immer wieder Suhrkamp, das Exposé zu vernichten, und als Suhrkamp bestätigte, »es sei wunschgemäß weg von dieser Erde, ging der Geschichte das Atmen leichter«.

Schutzumschlag der Erstausgabe von Uwe Johnsons
Mutmaßungen über Jakob

Die Figuren, die Personen seiner Arbeiten – »seine Leute« –, sie
waren in einer Weise lebendig für ihn, wie ich das bei keinem
anderen Schriftsteller erfahren habe. Ein Schlüsselerlebnis in dieser
Hinsicht war Johnsons in englischer Sprache in Austin/Texas gehal-
tener Vortrag über die Begegnung des Erzählers mit Gesine Cresspahl in New York. Man muß gehört haben, wie Uwe Johnson mit
höchstem artistischem Genuß den Namen Gesine als »Dschisaihn«
aussprach, Dschisaihn, die Sprachenkundige, hatte ja auch die For-
mulierung »Anniversarii« gefunden, aus denen sich die »Anniversa-
ries« und dann die »Jahrestage« entwickelten. Der Erzähler traf
seine Hauptperson zum ersten Mal in einem 5th-Avenue-Bus; sie
fuhr dort morgens zu ihrer Bank und abends zu ihrer Wohnung,

Apartment 204, 243 Riverside Drive, zwischen der 96. und 97. Straße gelegen. Dieses Apartment war bewußt gewählt, denn »ein Mecklenburger Kind, aufgewachsen eine Stunde Fusswegs von der Ostsee entfernt, was würde die für eine Wohnung brauchen für den Abend nach zehn Stunden zwischen den Schluchten aus Stein und Glas von Manhattan? da kam in Frage allein der Riverside Drive, eine in der Architektur fast europäische Strasse an der Westküste von Manhattan, mit Blick auf Parkbäume, Wiesen, Bodenschwünge und dahinter den Fluss Hudson so breit wie ein Binnensee in Mecklenburg (...) hundertacht Dollar [Miete] pro Monat.« Gesine Cresspahl führte ein Tagebuch, Anniversarii, nicht nur für den Tag gedacht, sondern darüber hinaus weisend und zur Erinnerung für Marie. Gesine war also keine Figur, sie war für ihren Erzähler ein lebender Mensch.

In den *Begleitumständen* wehrt Uwe Johnson sich gegen den Vorwurf des »Autobiographischen«, der entschlossen vorbeiginge an »der Wirklichkeit«, »die das Buch einer 34jährigen Frau, ledig, mit zehnjähriger Tochter, einräumt«:

> »Darüber hinaus setzt der Vorwurf des Autobiographischen die Person Gesine Cresspahl herab und will sie erscheinen lassen als bloss ein Instrument und Vehikel, Erfahrungen und Zustände des Verfassers zu übermitteln, mit welchem Zweifel an ihrer souveränen Partnerschaft ihr sogleich die Fähigkeit dazu verloren gehen muss.«

Der »Genosse Schriftsteller« hatte ja einen »Vertrag« mit Gesine Cresspahl abgeschlossen, und an diesen Vertrag hielt er sich exakt: »Ich will dir mal was sagen, du Schriftsteller... Ein Jahr habe ich Dir gegeben. So unser Vertrag. Nun beschreibe das Jahr. Und was vor dem Jahr war. Keine Ausflüchte! Wie es kam zu dem Jahr. In diesem verabredeten Jahr, seit dem 20. August 1967,... Soll es denn doch ein Tagebuch werden? Nein. Nie. Ich halt mich an den Vertrag.«

Er hielt sich an den Vertrag, aber auch Gesine Cresspahl hielt sich

Ernst Barlachs *Schlafende Vagabunden.* Ein Abguß dieser Plastik stand in Uwe Johnsons
Wohnraum

daran. Um ihre Bankaufgabe in Prag richtig erfüllen zu können,
lernte sie auch noch die tschechische Sprache, das überraschte den
Erzähler, und angesichts dieser Bereitschaft wird der »Erzähler ihres Lebenslaufs« »sich bis hin zur Ehelichkeit« mit ihr verbündet
wissen.
Bis hin zur Ehelichkeit. Dies also ist der Umgang Uwe Johnsons mit
seinen Personen. »Seine Leute«, so die *Begleitumstände,* »waren
keine Tante Emma für ihn«, sie waren ihm wesentlich, mit ihnen
versuchte er höchste Kommunikation, eine Dialektik des Schwei-
gens und Redens, des Fragens und Antwortens; oft ließen die Antworten seiner Personen auf sich warten; oft entglitten sie ihm überhaupt, wandten sich von ihm ab, er konnte sie nicht mehr rufen. In
solcher Verfassung erinnert er sich an eine Gesprächsäußerung von
Ernst Barlach im April 1918: Barlach hatte hier seine Erfahrung
festgehalten, daß er sich im Grunde immer mehr und mehr als »ein

bloßes Mittel« betrachtete. Irgendwann, bei den dümmsten Verrichtungen, beim Händewaschen oder beim Zähneputzen, »ist es plötzlich da«. Barlach machte die Erfahrung: »Es ist, als wäre die Arbeit in ein Schubfach gelegt und dort fertig geworden von vielen Händen, die sie uns höflich präsentieren.« Und so widerfuhr es auch Uwe Johnson. Bei einer solchen »nichtigsten Verrichtung« hatte er das Bewußtsein, er sei plötzlich fertig mit der gestellten Aufgabe, er habe »ohne seine Aufsicht« die Lösung gefunden. In diesem Zusammenhang formulierte der Gastdozent 1979 seine Poetologie, sein poetisches Credo und auch das Geheimnis seiner Arbeit:

> »Er hörte seine Leute reden. Es war ein Ton, der aufbegehrte gegen eine Gewissheit, die war so unwiderruflich, die war in ein Grab getan; ihm wurde deutlich vorgesprochen, und gehorsam schrieb er nach:
>
> Aber Jakob ist immer quer über die Gleise gegangen.
>
> Er hörte sie reden...«

»Gehorsam schrieb er nach.« Dieser Beobachter, Zähler von Vorfällen, Erzähler war ein gehorsamer Nachschreiber, so verband er präzise das Wirkliche mit dem inneren Leben, so schaffte er jene Verwandlung seiner Vorgänge in eine »zweite Welt«, in der hiesigen, wie es Jean Paul vom Dichter forderte.
Ich kann im Zusammenhang von Uwe Johnsons »und gehorsam schrieb er nach« nur an Hölderlin denken, an seine Hymne *Patmos*, jenes Gedicht, dessen Grund die Konflikthaftigkeit des dichterischen Selbstverständnisses bildet. Auch hier hört der Dichter die »Stimmen des heißen Hains« und er weiß: »denn fast die Finger müssen sie (die Himmlischen) uns führen«, wenn »deutscher Gesang« noch möglich sein soll. Es sei auch erinnert, daß Walter Benjamin in seiner Jugendarbeit über zwei Gedichte Hölderlins die »Intensität der Verbundenheit der anschaulichen und geistigen Elemente« von Hölderlins Dichtung aufzuweisen versucht hat. Eine solche Verbundenheit sehe ich auch bei Uwe Johnson. Die in divi-

natorischer Intuition erschaute und erlebte Beziehung zu den Personen seines erzählerischen Kosmos ist Quellpunkt, ist Triebkraft, ist Methode seines Arbeitsvorgangs. Gewiß, dieser Schriftsteller hat nicht nur mit Material seiner geistigen Intuition gearbeitet und ist nicht nur dem Diktat seiner Inspiration gefolgt. Er hat sie ergänzt durch sorgfältige und bewußte Arbeit: bei der Beobachtung, der Lektüre, der Dokumentierung, der Recherche in Korrespondenz mit Zeitgenossen und Fachexperten, und in seiner peinlichen Gewissenhaftigkeit beim Studium von Belegen, Statistiken und Berichten war er unermüdlich – das Uwe Johnson-Archiv kann dies heute eindrucksvoll belegen. Doch alle Fakten führte sein Beobachtungsgeist immer wieder in poetischer Intuition seinen Personen zu, die autonom sind und doch stets ein Stück ihres Verfassers. »Beim Gehen an der See gerieten wir ins Wasser...«, heißen die letzten Sätze der *Jahrestage*, »... wir hielten einander an den Händen: ein Kind, ein Mann unterwegs an den Ort, wo die Toten sind; und sie, das Kind, das ich war.« Hier erscheinen auch die Komponenten der *Jahrestage:* Vorgang und Rückgang, Metamorphosen, Verwandlungen, Beschwörung der Vergangenheit und der Gegenwart, aber auch die Andeutung eines, wie es auf den letzten Seiten der *Begleitumstände* heißt, »Mangels an Vorfreude auf die Zukunft«.
Wer so mit seinen Figuren als lebendigen Personen verbunden ist, wer mit ihnen in nahtloser Übereinstimmung lebt, wer neben der westlichen und östlichen, der kapitalistischen und der sozialistischen Perspektive einen dritten ideologiefreien Weg sucht, wer so in souveräner Partnerschaft identisch ist mit seinen Personen und ihrem politischen Wollen, muß der nicht eine tödliche Gefahr, eine »Beschädigung der Herzkranzgefäße« erleiden, wenn sich für ihn herausstellt, daß eine Person seiner privaten Welt Beziehungen zu den realen Feinden seiner Person hat? Ich kann Uwe Johnsons Leiden verstehen. Ich verstehe auch, warum dieses zehn Jahre währende und von mir tief miterlebte Ringen um die Vollendung des vierten Bandes der *Jahrestage* ihn mit einer Krankheit schlug, die weder durch Analysen noch durch Medikamente zu heilen war und zum Tode führen mußte.

Eberhard Fahlke
»Erinnerung umgesetzt in Wissen«
Spurensuche
im Uwe Johnson-Archiv

> »Im Grunde weiß man vom Leben nur eines: was
> dem Gesetz des Werdens unterliegt, muß nach die-
> sem Gesetz auch vergehen. Mir, da seien Sie unbe-
> sorgt, ergeht es genügend. Mein Latein ist flatterig
> geworden; das Gedächtnis verhält sich lediglich an-
> gemessen.«
>
> (Dr. Julius Kliefoth [Jg. 1888] am 20. August 1968
> in *Jahrestage*)

Archive mit dem Nachlaß von Schriftstellern sind in Deutschland
keine Seltenheit. Selten jedoch bietet sich die Gelegenheit, anhand
des hinterlassenen Materials im Aufbau eines Archivs die besondere
literarische Kontur eines Autors abzubilden. Diese Aufgabe hat sich
das Uwe Johnson-Archiv an der Johann Wolfgang Goethe-Universität in Frankfurt gestellt. Um dessen Prinzipien zu skizzieren, ist es
also erforderlich, zunächst das Schreiben Uwe Johnsons zu beleuch-
ten, um dann mittels dessen materialer Voraussetzungen die Eigen-
art des Archivs nachvollziehen zu können.

I Handwerk des Schreibens

Zum ersten Todestag Uwe Johnsons wurde der Johann Wolfgang
Goethe-Universität der literarische Nachlaß des Autors durch den
Verleger Siegfried Unseld als Dauerleihgabe zur systematischen Erschließung, wissenschaftlichen Betreuung und Auswertung übergeben. Uwe Johnson, im Sommersemester 1979 Poetik-Gastdozent

73

Das Uwe Johnson-Archiv an der Johann Wolfgang Goethe-Universität in Frankfurt/M.

der Universität, starb in der Nacht vom 22. zum 23. Februar 1984 in seinem Haus in Sheerness-on-Sea im Alter von 49 Jahren. Nach Sheerness, einem abseitigen Badeort auf der Insel Sheppey an der Mündung der Themse, hatte er sich mit Frau und Tochter im Jahre 1974 aus West-Berlin zurückgezogen; geleitet von der Hoffnung, in dem unmittelbar am Meer gelegenen Haus jene Arbeitsbedingungen wiederzufinden, die für seine faktengetreue, ironisch-hintergründige Schreibweise unerläßlich waren. In Berlin, wo er mit einigen Unterbrechungen seit seiner 1959 erfolgten Übersiedlung aus der DDR gelebt hatte, waren diese Bedingungen offenbar nicht mehr gegeben.

Indes stagnierte in dem selbstgewählten Exil die Arbeit an seinem großangelegten Werk *Jahrestage. Aus dem Leben von Gesine Cresspahl*, dessen dritte »Lieferung« 1973 erschienen war. Der Grund hierfür: eine persönliche Krise, deren Folge eine »Beschädi-

gung der Herzkranzgefäße« und eine lang andauernde Schreibhemmung waren. Durch die Niederschrift der *Frankfurter Vorlesungen* gelang es ihm, gegen diese, von ihm selbst als »writer's block« diagnostizierte Hemmung anzuschreiben und die tägliche Arbeit am vierten Band der *Jahrestage* wiederaufzunehmen, die er am 17. April 1983 abschließen konnte. »Wenn einem daran liegt, wird er am Ende versuchen, sich im Alter von 44 Jahren das ›Schreiben‹ wieder beizubringen, mit zwei Zeilen am Tag, fünf Zeilen in der Woche, aber nach drei Monaten eben siebzehn Seiten«, so ist es lakonisch in den Vorlesungen mit dem Titel *Begleitumstände* vermerkt. Schriftsteller hatte Uwe Johnson nicht werden wollen, zum Schriftsteller wurde er durch die Verhältnisse in der DDR. Obwohl er zu jenen Autoren gehört, die mit den wichtigsten deutschen Literaturpreisen ausgezeichnet wurden, hat er zeitlebens von diesem Beruf abgeraten, in den *Frankfurter Vorlesungen* von 1979 sogar ausdrücklich davor gewarnt. Schriftstellern falle das Schreiben schwerer als anderen Leuten, zitierte er im gleichen Jahr einen Satz aus einer Novelle Thomas Manns. In seiner Dankesrede zur Verleihung des Thomas-Mann-Preises hatte er unter der vielsagenden Überschrift »Lübeck habe ich ständig beobachtet« zum einen auf eine »geistige Lebensform« angespielt, die Thomas Mann in einer Rede an seine Mitbürger mit dem Namen der Hansestadt verbunden hatte. In ihr kommt zum Ausdruck, wie tief Thomas Mann als Künstler und Schriftsteller im Bürgertum verwurzelt war. Diese Anerkennung einer Bürgerschaft konnte Uwe Johnson nur von außen betrachten.
Zum anderen ist der Ort, von dem aus Uwe Johnson die Hansestadt ständig im Auge behielt, aber auch tatsächlich aufzuspüren. Es ist der Hohenschönberg, im Nordwesten Mecklenburgs ganz in der Nähe der Ostseeküste im »Klützer Winkel« gelegen. Von dort aus kann man bei klarer Sicht auf der einen Seite bis nach Lübeck-Travemünde und auf der anderen bis nach Wismar sehen. In jenem Winkel wäre die fiktive, für die Topographie des Johnsonschen Erzählens so bedeutsame Kleinstadt Jerichow anzusiedeln. Und schließlich ist mit dem genauen Ansehen und dem akribischen Registrieren in der Rolle des ständigen Beobachters ein für Uwe John-

sons Arbeitsweise zentrales Motiv bezeichnet. Jenen aus der frühen Novelle *Tristan* zitierten Satz des »lübschen« Ehrenbürgers hat Hans Wysling, Professor an der Universität Zürich und Leiter des dortigen Thomas-Mann-Archivs, in seiner Laudatio von 1979 auf Uwe Johnson gemünzt. Diesem Autor falle das Schreiben schwer, und er mache es sich schwer mit der Wahl seiner Themen, seiner Stoffe und der Form seines Erzählens.

Warum machte Uwe Johnson sich das Schreiben so schwer? Wo liegen die besonderen Schwierigkeiten für seine Art des Erzählens? So einfach es ist, diese Fragen zu stellen, so schwierig ist es, angemessene Antworten zu finden.

Sicherlich hängen Uwe Johnsons Schwierigkeiten zu einem guten Teil damit zusammen, daß er nur ungern das Wort Kunst auf seine Texte bezogen wissen wollte. Ein Autor sollte nicht für reine Kunst ausgeben, was immer noch eine Art Wahrheitsfindung ist, heißt es in seinem Essay *Berliner Stadtbahn*. Er sollte seine Erfindungen eingestehen und nicht verschweigen, daß seine Informationen lückenhaft sind und ungenau. Eingestehen könne er das nur, indem er die schwierige Suche nach der Wahrheit ausdrücklich vorführe. Und daran hält sich der Autor Uwe Johnson.

Der Schreibprozeß wird beim Schreiben fortwährend thematisiert, das Erzählen selbst wird immer wieder erzählt, um die besondere Art der Wahrheitsfindung für den Leser nachvollziehbar zu gestalten.

Wahrheitsfindung über die Bedingungen des Dritten Reichs, Rekonstruktion brisanter sozialhistorischer Zusammenhänge und Erkundung der Arbeitsweise einer außergewöhnlichen Journalistin an einer renommierten Tageszeitung unter Hitler, das waren Themen, die Uwe Johnson z. B. die Bekanntschaft mit der Publizistin Margret Boveri (1900-1979) suchen ließen. Unter dem provokanten Titel *Wir lügen alle* hatte diese die Entwicklung des *Berliner Tageblatts* unter Hitler beschrieben. Frau Boveri hatte offenbar den Umgang mit Zeitgeschichte in einer Weise vorgeführt, von der Uwe Johnson etwas lernen wollte. Aus den ersten gemeinsamen Gesprächen in Berlin-Dahlem entwickelte sich bald eine Freundschaft, die

WALTER
TEXTE UND DOKUMENTE
ZUR ZEITGESCHICHTE

Uwe Johnson, als Ersatz für sein verbranntes Exemplar dieses Buchs, dem ich verdanke, daß ich ihn kennen lernte.

Margret Boveri

April 1965

W

Widmung von Margret Boveris Buch
Wir lügen alle an Uwe Johnson

bis zum Tode von Frau Boveri andauerte. Posthum hatte Uwe Johnson in ihrem Auftrag ihre Autobiographie herausgegeben, an deren Genese er und seine Frau Elisabeth einen maßgeblichen Anteil hatten.

Dem schwierigen, in das Handwerk seines Schreibens verwobenen Prozeß der Suche nach Wahrheit soll im Archiv nachgespürt werden. Jene Arbeitsvorgänge also gilt es näher zu beschreiben, die zuweilen auch die fristgerechte Ablieferung der literarischen Manuskripte zum Verdruß des Verlegers verzögerten. Bei der Spurensuche und -sicherung an diesem Ort der Universität steht das Subjekt als ein »Medium der Arbeit, als das Mittel einer Produktion« im

Zentrum aller Bemühungen; ganz ähnlich wie es Uwe Johnson selbst in seinen *Frankfurter Vorlesungen* gehalten hatte.

»Damit ist Ihnen garantiert, dass private Mitteilungen zur Person entfallen werden. Es trifft sich mit meiner Überzeugung, sie seien ohnehin wenig ergiebig. Was immer wir wissen über Fontanes häusliches Leben, es ist eher erstaunlich als aufschlussreich gegenüber seiner Begabung, Unglücksfälle gerade in der ehelichen Beziehung schlüssig zu machen. Was Günter Grass uns im Druck mitgeteilt hat über den Zustand seiner Familie, ist nutzlos als Spürrute in seinem Umgang mit einem dicken Fisch. Wenn Martin Walser die Öffentlichkeit wissen läßt, es gehe ihm gut, und er habe nicht zu klagen, ausser vielleicht, weil er auf die Welt gekommen sei, so wird er unseren Ableitungen wenig später entkommen, mit einer ›Seelenarbeit‹.«

Eine aus dieser Feststellung auf die Arbeit des Uwe Johnson-Archivs übertragene Maxime lautet: soviel man naturgemäß in der täglichen, der Produktivität eines einzelnen Schriftstellers gewidmeten Archivarbeit mit biographischen Begleitumständen zu tun haben mag, der unmittelbare Schluß von Lebensläufen und Wetterlagen auf Literatur – jenes Verfahren also, das in der Welt der Literaturwissenschaftler unter einem Terminus technicus als »pathetic fallacy« figuriert – ist für einen Werkkommentar wenig tauglich. »Schliesslich können Sie sich vorstellen, wie geknickt Max Frisch sich empfand, als einer seiner Romane bedacht wurde mit dem grundsoliden Kommentar, über das Scheitern seiner Ehe habe man doch längst Bescheid gewußt.«

Unterwegs zu einem von »grundsoliden« Einsichten dieser Art verschonten Kommentar der Werke Uwe Johnsons soll der folgende Gang durch das Archiv den Blick auf die Bedeutung seiner Bibliothek für die schriftstellerische Arbeit lenken, einen Teil der dort für das Erzählen aufbewahrten Materialien vorstellen und Einsichten in das Handwerkliche Johnsonschen Erzählens vermitteln. Der Archivar ist, wie jeder Literaturhistoriker, nur ein, wenn auch durch die Nähe zur Bibliothek etwas privilegierter Leser. Um jede künstliche Wiedergeburt des Werks aus dem »Geiste des Autors« zu vermeiden, soll die Perspektive des Lesers möglichst nicht aufgegeben werden. Es geht also darum, jenen von Harald Weinrich in seinem *Plädoyer für eine Literaturgeschichte des Lesers* als »Instruktionen« bezeichneten Spuren zu folgen, die in den Werken Uwe Johnsons dem Leser als Orientierungshilfen zugetragen werden und es ihm ermöglichen, sich in der fiktiven Welt des Werks zurechtzufinden.

Uwe Johnson war nicht nur ein Schriftsteller, der sich das Schreiben schwermachte, gemeinhin gilt er auch als ein schwieriger Autor. Das hat sehr viel mit eingefahrenen Lesegewohnheiten und Erwartungshaltungen zu tun. Dafür ein Beispiel: Bereits mit dem ersten, 1959 veröffentlichten Roman *Mutmassungen über Jakob* hatte er sich den Vorwurf eingehandelt, er habe seine Darstellung unnötig verrätselt und verkompliziert. Auf derartige Vorhaltungen erwiderte er, nicht sein Eigensinn sei es, der das Buch schwierig mache, sondern solche Verhältnisse, wie sie in Deutschland nun einmal anzutreffen seien. Der Vorwurf hingegen war viel formaler gemeint als inhaltlich bestimmt; denn für den Geschmack einiger Kritiker (und übrigens auch einiger Verleger) werden dem Leser Redeeinführungsformeln vorenthalten – sie werden durch einfache Gedankenstriche ersetzt – und zu wenig Namen genannt, um die zahllosen, für die dialogische Erzählweise der *Mutmassungen über Jakob* charakteristischen Erzählteile im Roman den jeweils sprechenden Personen zuordnen zu können. Von einem Chor anonymer Stimmen, gar von einem Einbruch der Massen in die Literatur war unter den Kritikern die Rede. Irritiert zeigte sich hier eine Lesehaltung, deren Erwartung nicht erfüllt wird. Sind wir es doch immer noch gewohnt, wie es Ingeborg Bachmann in ihren *Frankfurter Vorlesungen* hervorgehoben hatte, »Figuren an ihren Namen zu erkennen und mit Hilfe der Namen auf der Fährte des Geschehens zu bleiben, daß wir meinen, mit dem Namen auch schon die Figur zu haben«. Der beliebigen Verfügbarkeit literarischer Figuren suchte Uwe Johnson durch erzähltechnische Kunstgriffe Einhalt zu gebieten. So weit wie William Faulkner in *Schall und Wahn* trieb er die Schwierigkeiten allerdings nicht, obwohl er sich frühzeitig schon mit dessen Werk auseinandergesetzt hatte. Werden die Leser im Roman des Amerikaners beim Griff nach dem Namen völlig im Stich gelassen, so werden in den *Mutmassungen über Jakob* Uwe Johnsons alle Dialog- und Monologteile durch das abschließende Kapitel in ihrer Personenkonstellation räumlich und zeitlich genau situierbar. Erst auf Drängen des englischen Verlegers hatte Uwe Johnson darüber hinaus in der 1963 erschienenen Übersetzung *Speculations about Jakob* bei den kursiv gesetzten Monologteilen die jeweiligen Personennamen hinzugefügt; eine Orientierungshilfe, die er allein dem englischsprachigen Publikum zugestand.

Lebensläufe eines Schriftstellers

Statt eigens für diesen Zweck eine biographische Skizze zu entwerfen, werden zwei der von Uwe Johnson in einer eigenen Mappe aufbewahrten, bisher nicht publizierten Lebensläufe vorgestellt, an einer Stelle ergänzt und knapp kommentiert. Der erste erfüllt formal alle Anforderungen, die an diese Textsorte gestellt werden, hat man sie für die Schule einzuüben oder für eine andere Institution zu verfassen. Inhaltlich aber weist dieser am 3. Januar 1958 geschriebene Lebenslauf offensichtlich »Mängel« auf, bedenkt man, daß er sich damit erfolglos bei verschiedenen Verlagen und Kultureinrichtungen in der DDR um eine Anstellung beworben hatte.

>   »Mein Name ist Uwe Klaus Dietrich Johnson. Ich wurde geboren am 20. Juli 1934 in Kamien (Kammin/Pom.).
>   Mein Vater Erich Johnson, Diplomlandwirt, starb 1946. Er war beschäftigt als Kontrollassistent und Tierzuchtwart von der Molkerei Anklam und vom Tierzuchtamt Greifswald.
>   Meine Mutter Erna Johnson geborene Sträde (49), bis zum Tode meines Vaters Hausfrau, arbeitete danach als Heimerzieherin und Näherin, schliesslich als Schaffnerin der Reichsbahn; sie verliess die Demokratische Republik persönlicher

Umstände wegen im Herbst 1956. Ich habe eine achtzehnjährige Schwester, die Stenotypistin ist und mit meiner Mutter die Republik verlassen hat.

Ich besuchte nacheinander die Comenius Grundschule in Anklam (1940-1944), die Heimschule Kosten (1944-1945), die Grundschule in Recknitz Kreis Güstrow und in Güstrow (1946-1948), die Oberschule in Güstrow (1948-1952). Die Note des Abitur war 2.

1952 wurde ich an der Universität Rostock immatrikuliert für das Studium der Germanistik nach Plan D (Literaturwissenschaft – Verlagsarbeit). Nach vier Semestern ging ich über zur Karl Marx Universität Leipzig.

1956 Examen bei Prof. Dr. Hans Mayer mit der Note 2.

Seit dem Examen Arbeit für die Lektorate des Paul List Verlages, des Aufbau Verlages und des Mitteldeutschen Verlages ohne feste Anstellung.«

Als Lektor oder Übersetzer hätte er in einem Verlag oder als wissenschaftlicher Assistent an einer Hochschule arbeiten wollen. Schriftsteller also wollte er nicht werden, zum Schriftsteller machte ihn die DDR. Nicht als Absolvent einer jener staatlichen Institutionen, die Schriftsteller-Kader auszubilden hatten, sondern als arbeitsloser Germanist mit einer – wie es im Jargon der Abteilungen für Kader und Qualifikation an den beiden Universitäten wohl hieß – »negativen Kaderentwicklung«.

Aktenkundig war sein Ausschluß aus der Freien Deutschen Jugend bereits im Herbst 1953 geworden. Ebenfalls aktenkundig wurde, daß ihm die Prüfungskommission der Philosophischen Fakultät der Karl-Marx-Universität Leipzig, ohne Gründe zu nennen, die Anerkennung seiner Klausurarbeit unter dem Thema »Der IV. Deutsche Schriftstellerkongreß im Januar 1956 in Berlin« verweigert, keine Zensur erteilt hatte und ihn aufforderte, die Klausur zu wiederholen. Uwe Johnson sperrte sich zunächst und reiste, statt sich auf die Wiederholung der Klausur vorzubereiten, nach Fischland an die Ostseeküste. Für Gesine Cresspahl wird dieser Landstrich später

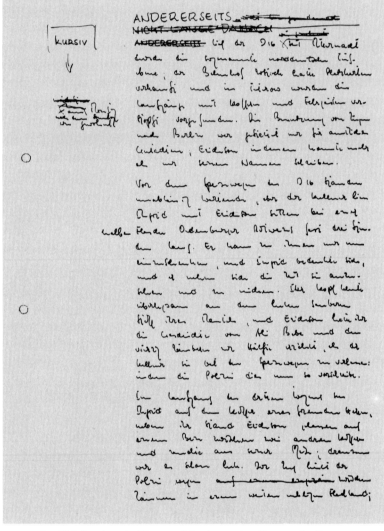

Ingrid Babendererde: Die erste Seite der zweiten Fassung des Romans

das schönste Land in der Welt sein. »Wer ganz oben auf dem Fischland gestanden hat, kennt die Farbe des Boddens und die Farbe des Meeres, beide jeden Tag sich nicht gleich und untereinander nicht. Der Wind springt das Hohe Ufer an und streift beständig über das Land. Der Wind bringt den Geruch des Meeres überallhin. Da habe ich die Sonne vor mir untergehen sehen, oft, und erinnere mich an drei Male, zwar unbeholfen an das letzte.« Dort in Ahrenshoop, einem Fischerdorf, das im Laufe der Zeit zu einer kleinen Künstlerkolonie geworden war (seit 1948 auch ein bevorzugter Ferienort ehemaliger und zukünftiger Kulturfunktionäre), schrieb er eine frühe Fassung seines ersten Manuskripts *Ingrid Babendererde* ins reine.

Nach der Rückkehr von der Ostsee überredeten ihn Freunde, das Angebot der Philosophischen Prüfungskommission doch wahrzunehmen und die Klausur zu wiederholen. »Ordnungsgemäß« absolvierte er so das Studium der Germanistik und erhielt sein Diplomzeugnis. Einem Hochschulabsolventen mit einer solchen Kaderakte war nach dem Examen jedoch keine Arbeitsstelle mehr zu vermitteln. Überdies waren im engsten Familienkreis zwei Fälle von Republikflucht vorgekommen. Uwe Johnson blieb arbeitslos. Freunde gaben »wissenschaftliche Heimarbeiten« an ihn weiter, und er erledigte sie in ihrem Namen. Das später von Uwe Johnson mit Pseudonymen betriebene Spiel mag hier seinen Ursprung haben. In dieser Zeit erstellte er zum Beispiel eine Prosafassung des *Nibelungenlieds*, die in sieben Auflagen beim Reclam Verlag, Leipzig, erschien, ohne daß der Name Uwe Johnsons erwähnt worden wäre. Erst in die achte Auflage von 1983 wird der Vermerk »übertragen von Uwe Johnson« aufgenommen. Das geschah auf Betreiben seines Freundes Manfred Bierwisch, Professor für Sprachwissenschaft an der Akademie der Wissenschaften in Ost-Berlin, dem seinerzeitigen »Arbeitgeber« Uwe Johnsons. Übersetzt hatte er während dieser Zeit auch *Israel Potter* von Herman Melville. Das Buch wurde 1960 in der Dieterich'schen Verlagsbuchhandlung, Leipzig, veröffentlicht, gleichfalls ohne daß der Name des Übersetzers genannt worden wäre. Erst ein energischer Protest von Günter Grass auf dem V. Deutschen Schriftstellerkongreß 1961 konnte Abhilfe schaffen. Das Versäumte wurde in der nächsten Auflage nachgeholt.

Gelegentlich wurden Uwe Johnson im Außenlektorat einiger Verlage kleinere Gutachten in Lohnarbeit überlassen; aber seine Beschäftigung hielt sich in Grenzen. So geriet er erneut ins Schreiben, obwohl eine Reihe von Verlagen der DDR wie auch Peter Suhrkamp das Typoskript *Ingrid Babendererde/Reifeprüfung 1953* abgelehnt hatten. Die im persönlichen Gespräch ausgesprochene Absage Peter Suhrkamps muß aber so geschickt formuliert gewesen sein, daß dieses »Nein« dennoch als Schreibimpuls für Uwe Johnson wirkte. Er notierte sich jedenfalls weiter Gesprächsfetzen, die er unterwegs mit der Deutschen Reichsbahn, in Bahnhöfen, Kantinen und Eisenbahnabteilen aufschnappte. Das waren Vorarbeiten zu den *Mutmassungen über Jakob*; mit den eigentlichen Schreibarbeiten hatte er, das weist eine Eintragung auf der ersten Seite des Typoskripts aus, am 6. Februar 1958 in Leipzig begonnen. Abgeschlossen wurde es am 4. Dezember 1958 in Sesenheim, nachträgliche handschriftliche Korrekturen wurden noch am 23. Januar 1959 in Güstrow vorgenommen. Das 230 Seiten umfassende Typoskript wurde wieder dem Suhrkamp Verlag zur Veröffentlichung angeboten und diesmal angenommen. Eigentlich hatte Uwe Johnson beabsichtigt, auch nach der Veröffentlichung des Romans weiterhin in der DDR zu bleiben. Deshalb sollte das Buch zunächst unter dem Pseudonym Joachim Catt erscheinen; das Titelblatt lag bereits gedruckt vor. Seine Freunde aber überzeugten ihn davon, daß ein Pseudonym auf die Dauer nicht haltbar wäre. Sie meinten, wäre der Staatssicherheitsdienst nur annähernd so tüchtig, wie Uwe Johnson ihn in seinem Buch dargestellt habe, wäre sein Pseudonym schon nach wenigen Monaten aufgedeckt. Deshalb verließ er in der Zeit, zu der sein Name auf das Titelblatt der *Mutmassungen über Jakob* gesetzt wurde, jenes Land, das ihn zum Schriftsteller gemacht hatte.

Der zweite, unter der Überschrift »Noch eine vita« in Berlin-Friedenau geschriebene Lebenslauf am 6. Dezember 1963 (wie das am

84

Joachim Catt

Mutmassungen
über Jakob

Roman — *16*

Suhrkamp *Verlag*
(*Frankfurt / M*

Das Titelblatt von *Mutmassungen über Jakob*
mit dem von Uwe Johnson gewählten Pseudonym Joachim Catt

linken oberen Rand des 1. Blattes notierte Kürzel »61263bfn« zu
entschlüsseln ist) war eine Auftragsarbeit für den Verlag. Im Frühjahr 1964 sollte *Karsch, und andere Prosa* in der edition suhrkamp
erscheinen. Band 59 dieser Reihe, ursprünglich dem Buchhandel
unter dem Titel »Westberliner Stadtbahn und andere Prosa« angekündigt, sollte mit einer Vita abschließen. Dieser tabellarische Lebenslauf entsprach nun vor allem formal nicht den Vorstellungen
des Verlags. So wurde er auch nicht veröffentlicht; vermutlich wegen des schabernackschen Tonfalls.

»1945   im Juli elf Jahre alt, in Recknitz in Mecklenburg.

1947 Güstrow in Mecklenburg. Schwarzhandel, Diebstähle, Grundschule.

1948 bis 1952 John Brinkman Oberschule in Güstrow. Tanzstunde, Funktionen in der FDJ, Gelegenheitsarbeiten in mechanischen Handwerken, Landarbeit, Eilbote der Post für den Landzustellbereich. Verstösse gegen das ostdeutsche Gesetz zum Schutze des Friedens, und andere.

1952 Abitur.

1952 bis 1954 Studium der Germanistik in Rostock. Segelreisen nach Dänemark und Schweden. Öffentliche Zusammenstösse mit antikirchlichen Manövern der Behörden. Aus Polen ausgewiesen.

1953 Roman ›Ingrid Babendererde‹, nicht veröffentlicht.

1954 bis 1956 Studium der Germanistik in Leipzig. Reisen nach Italien, Westdeutschland, Aufenthalte in Westberlin.

1956 Ablehnung des Manuskripts ›Ingrid Babendererde‹ durch den ostberliner Verlag Aufbau. Im gleichen Jahr Diplom-Examen bei Prof. Hans Mayer, mit einer Arbeit über den zweiten Roman von Ernst Barlach.

1957 bis 1958 wohnberechtigt in Güstrow in Mecklenburg. Wissenschaftliche Heimarbeit, Übersetzungen. Bekanntschaft mit Peter Suhrkamp. Reisen in Sachsen, Brandenburg, Schleswig Holstein, Schweden. Schreibkraft in der Reichsbahndirektion Schwerin. Heizer in der Hochschule für Körperkultur in Leipzig. Annahme des Pseudonyms U. J.

1959 ohne Genehmigung der ostdeutschen Behörden Umzug nach Berlin Friedenau mit Genehmigung der westberliner Behörden. Veröffentlichung von ›Mutmassungen über Jakob‹. Erste Bekanntschaft mit wirklichen Schriftstellern.

1960 Fontanepreis der Stadt Westberlin. Teilnahme an der Tour de France, Reportagen unter dem Pseudonym P. L. Nicht in die Neuauflage des ostdeutschen Fahndungsbuchs aufgenommen. Reisen in die Umgebung Westberlins, in Westdeutschland.

1961 vier Monate in den USA als Gast der Wayne State

University in Detroit und der Harvard University in Cambridge/Mass. Veröffentlichung von ›Das dritte Buch über Achim‹. Vorlesereisen in Westdeutschland.

1962 neun Monate in Rom und Italien als Gast der Stiftung Villa Massimo. Verschiedene Verstösse gegen das ostdeutsche Gesetz über Ausreise. Prix International de la Littérature. Von einigen westdeutschen Schriftstellern beauftragt mit der Vorbereitung einer französisch-italienisch-deutschen Zeitschrift. Heirat, eine Tochter. Vorlesereisen.

1963 Die Vorarbeiten zu einer internationalen Zeitschrift werden im April in Paris abgebrochen. Vorlesereisen in Westdeutschland, Schweden, Dänemark, Norwegen, England. Übersetzung von ›A Separate Peace‹, von John Knowles. Vorbereitung eines Romans.«

Neben der Bestandsaufnahme von Gesetzesverstößen und Konflikten mit Behörden der DDR werden die im Text versteckten indirekten Mitteilungen Anstoß erregt haben. Das beginnt mit der Auskunft zum Geburtsjahr. Der Leser muß es sich erst errechnen, sofern er es denn wissen will. Die Mitteilung »Teilnahme an der Tour de France« klingt nicht besonders glaubwürdig. Ein Leistungssportler war Uwe Johnson nicht, ganz im Gegenteil: vom Sportunterricht war er befreit, wie in seinem Reifezeugnis von 1952 vermerkt ist. Achtet man jedoch auf die Jahreszahl 1960, dann ergibt die Mitteilung Sinn. Zu dieser Zeit hatte er intensiv Recherchen betrieben, sich Studien und Trainingsanleitungen über das Radrennfahren besorgt, weil er an seinem zweiten Roman *Das dritte Buch über Achim* arbeitete. Jener Achim, dessen dritte Biographie der westdeutsche Journalist Karsch im Auftrag eines DDR-Verlags schreiben soll, ist nicht nur ein ostdeutscher Radrennfahrer, sondern auch ein verdienter Held des Sports und zugleich Abgeordneter der Volkskammer. Bei den Vorarbeiten zu diesem Roman spielte wieder die Aufzeichnung von Gesprächen eine besondere Rolle. Seine Freunde aus der DDR, die ihn vor dem Bau der Mauer noch relativ problemlos in West-Berlin besuchen konnten, forderte er eines Ta-

VITA

Geboren in Deutschland 1934 (daher der
Vorname) in Kammin in Pommern an der
DIEVENOW, dem heutigen Kamień Pomorski
an der DZIWNA. Aufgewachsen in Anklam
an der PEENE, gegen Kriegsende in einer
Heimschule der Nazis in Kościan an der
OBRA. Nach der Kapitulation im Mecklen-
burgischen, in Recknitz (benannt nach
dem Flusse RECKNITZ), Schulzeit mit
verändertem Lehrstoff in Güstrow an den
Ufern der NEBEL. Von 1952 bis 1956
Studium der Kriegsfolgen, auch der
Germanistik in Rostock / WARNOW und
Leipzig / PLEISSE. Sogleich erkannt als
ungeeignet für Beschäftigung in staat-
lichen Institutionen. Wissenschaftliche
Heimarbeit, dazwischen Überprüfung der
Eisenbahnverbindungen zwischen Sachsen
und Mecklenburg. 1959 Rückgabe einer
Staatsangehörigkeit an die D.D.R. nach
nur zehnjähriger Benutzung und Umzug
nach West-Berlin mit Genehmigung eines
dortigen Bezirksamtes (liegt vor); zwecks
Veröffentlichung von Mutmassungen über
Jakob. 1960 Th. Fontane-Preis der Stadt
West-Berlin. Im Jahr darauf eine erste
Reise durch die U.S. of A., auch Veröffentlichung von Das dritte Buch über
Achim. 1962, gegen den Willen des damaligen westdeutschen Aussenministers
(C.D.U.), ein Stipendien-Aufenthalt in
der Villa Massimo in Rom am TIBER (TE-
VERE); International Publishers' Prize.
1964 Veröffentlichung von Karsch, und
andere Prosa, auch ein halbes Jahr Fern-
sehkritik für den Tagesspiegel.1965
Veröffentlichung von Zwei Ansichten.
Von 1966 bis 1968 in New York, in dem
von den Flüssen EAST, HARLEM und HUDSON
umflossenen Gebiet; zunächst für ein
Jahr als Schulbuchlektor. Am 4. Juli
1967 zum Knight of Mark Twain geschlagen;
danach Beginn der Arbeit an einem neuen
Roman. Seit September 1968 zurück in
Berlin Friedenau, an den Ufern der HAVEL,
der SPREE und des LANDWEHRKANALS. Mit-
glied der Akademie der Künste von West-
Berlin und des P.E.N. seit 1969. Veröffentlichung von Jahrestage (1. Lieferung)
im Herbst 1970. Seitdem: Georg Büchner-,
Wilhelm Raabe-, Thomas Mann-Preis. Ab
Oktober 1974 ansässig auf der Insel
Sheppey (Kent, England), vom Festland
getrennt durch den SWALE und MEDWAY,
belagert von der THEMSE (THAMES). Abgabe
der 4. und letzten Lieferung von Jahrestage im Herbst 1983. Preis der Stadt
Köln. Pläne für 1984: Abschluss eines
Lebenslaufes für die Familie Cresspahl
(1888 bis 1978) und Rückkehr zu den
Flüssen EAST, HARLEM, HUDSON, HACKENSACK
und CONNECTICUT.

U.J.

Ein dritter Lebenslauf von Uwe Johnson

ges auf, ein Gespräch über die gesellschaftspolitische Bedeutung des Sports in der DDR zu führen. Uwe Johnson setzte sich als aufmerksamer Zuhörer in die Runde und zeichnete alles auf, ohne sich am Austausch der Argumente zu beteiligen.

»Annahme des Pseudonyms U. J.« heißt es im Lebenslauf für 1957/ 58. Dies verweist auf die im Namen anderer gefertigten »wissenschaftlichen Heimarbeiten«. Zugleich wird hier ein ironisches Spiel mit der eigenen Identität initiiert, das in dem fiktiven Nachruf zu Lebzeiten *Dead Author's Identity in Doubt; Publishers Defiant* mit erzählerischem Garn ausgesponnen worden ist. Dank eines Sonderberichts der *New York Times*, so heißt es dort, wird bekannt, daß die unter dem Namen »Uwe Johnson« veröffentlichten Bücher nicht von ihm selbst geschrieben worden sind. Nur einige in kleineren Literaturzeitschriften publizierte, mit »J. U.« gezeichnete Gedichte seien ihm zuzuordnen. (Das ist eine hintergründige Anspielung auf John Updike, dessen Gedicht *I Nuovi Santi* Uwe Johnson 1969 aus dem Amerikanischen ins Deutsche übertragen hatte.) Der fingierte Sonderbericht der *New York Times* bringt es an den Tag: Dieser »Uwe Johnson« hatte nur die Rolle eines Schriftstellers in der Öffentlichkeit übernommen; geschrieben wurden diese Texte von einem in der DDR ansässigen Autor, dessen Namensnennung in dem hinterlassenen Testament angedroht wird, aber nicht erfolgt. In Konflikt mit dieser ihm zugewiesenen Rolle ist »Uwe Johnson« erst geraten, als er während eines längeren Aufenthalts in den Vereinigten Staaten von Amerika selbst mit dem Schreiben anfing, auch weil er eine Weile schon nichts mehr von dem Verfasser in der DDR gehört hatte. Nach längerer Schreibpause aber legt jener andere Autor plötzlich einen Text vor, der in der unmittelbaren amerikanischen Nachbarschaft »Uwe Johnsons« spielt. Der Verleger verlangt, wie bei allen Texten zuvor, daß »Uwe Johnson« auch für dieses Buch als Autor auftrete. Der Autor »Uwe Johnson« aber befürchtet, für dieses Buch in besonderer Weise verantwortlich gemacht zu werden, weil der anonym bleibende Verfasser aus der DDR den Handlungsort des neuen Werks in die Gegend New Yorks verlagert hatte. Ein letztes Mal wollte »Uwe Johnson« das

Manuskript auf einem europäischen Flughafen übernehmen, es lesen und danach unauffindbar mit dem Textkonvolut verschwinden. Dazu kommt es nicht mehr. Zum vereinbarten Treffpunkt unterwegs, um das Manuskript abzuholen, wird »Uwe Johnson« in den labyrinthischen Gängen des Pariser Flughafens Orly tot aufgefunden. Mit dem Tod des Autors, der ohnehin auf dem Weg war zu verschwinden, endet der fiktive Lebenslauf im Nachruf zu Lebzeiten. Die *New York Times* indes weiß in ihrem »Sonderbericht« noch mitzuteilen, daß die Verleger jeden Zweifel an der Identität des Urhebers ihrer Bücher entschieden zurückweisen. Dafür waren, so ist aller Fiktion zum Trotz anzunehmen, eher urheberrechtliche und geschäftliche Erwägungen maßgebend als philologische.

In *Jahrestage. Aus dem Leben von Gesine Cresspahl* wird zum Umgang mit Lebensläufen erzählt: »Wer eines Tages die amtlichen Lebensläufe dieser Gesine Cresspahl vergleicht, er wird nicht umhin können, verschiedene Personen dieses Namens anzunehmen. Oder aber eine einzige, die war jedes Jahr eine andere und wurde sich selbst unbekannt von einem auf den anderen Tag.«

Bilder eines Berufs

Vorzugsweise ist Uwe Johnson über die Darstellung von Ansichten ins Erzählen geraten. Ansichten in der doppelten Bedeutung des Wortes: zum einen über das Aufzeichnen unterschiedlicher Meinungen, zum anderen über das Beschreiben von Bildern. Das konnten Photographien sein, Städtebilder, Postkarten, Prospekte, auch Landkarten und Stadtpläne oder Bilder im übertragenen Sinn. Die erste seiner fünf *Frankfurter Vorlesungen* hatte er *Zwei Bilder* überschrieben. Gemeint waren damit die gerahmten Portraits von Hitler und Stalin, jenen »Führern«, die nacheinander die Klassenräume der von ihm besuchten Schulen zierten. Anhand zweier Bilder hatte er 1975 auch Auskünfte über sein Gewerbe gegeben. Wie immer Schriftsteller ihren Beruf beschreiben, heißt es in dem Vortrag *Aber wenn Sie mich fragen...*, es fällt unterschiedlich aus. Das eine Bild zeigt jenen Schriftsteller, der auf einem Dachboden lebt, in den es hineinregnet. Er sitzt zwischen kärglichen Möbeln in der Kälte, kann die Miete nicht bezahlen, seine Kinder nicht ernähren, »und dennoch hämmert da jemand auf der Schreibmaschine vor sich hin, für 450 Leser zwischen Tokio und Chicago, das Gewissen der Nation in fleischlicher Gestalt, von der Nation isoliert, und doch ein besserer Mensch als Du und Ich«. Das zweite Berufsbild wird von Hollywood und einer mit ihm verbündeten Kulturindustrie gestiftet. Es zeigt den hochdotierten Bestsellerautor, nur noch in Düsenjets und Salonwagen unterwegs, um neue Verträge auszuhandeln, viel zu sehr damit beschäftigt, als daß er noch schreibend zu portraitieren wäre.

So überzeichnet die zwei Bilder auch erscheinen mögen, beide nähren sie den Verdacht, um einen anständigen Beruf könne es sich bei dem des Schriftstellers nicht handeln. Von den 54 Berufsbezeichnungen, die die deutsche Hochsprache Uwe Johnson zufolge für die Bezeichnung des »schreibenden Gewerbes« bereitstellt – seinen *Frankfurter Vorlesungen* hatte er sogar 58 Berufsbezeichnungen in einer Art Litanei eingefügt –, drückt nur ein ganz geringer Prozentsatz keine Verachtung aus. So der Befund. Lakonisch zieht er daraus den Schluß, daß es dem deutschen Schriftsteller in seinem Land an gesellschaftlichem Ansehen gebricht.

Mit der Berufsbezeichnung »Dichter« wird entweder Ehrfurcht oder Nachsicht mit dem Subjekt ausgedrückt. Ehrfurcht vor dem »Seher« und »Künder« oder Nachsicht mit einer berufsbedingten Ungeschicklichkeit in weltlichen Dingen. Auf seine Arbeitsweise wollte Uwe Johnson weder Ehrfurcht noch Nachsicht bezogen wissen, weswegen er mit dieser Berufsbezeichnung ebensowenig anzufangen wußte wie der von ihm verehrte Bertolt Brecht. Als peinlich empfand er die auf ihn gemünzte Berufsbeschreibung »Dichter der beiden Deutschland«; peinlich, weil man ihn damit loben und ehren wolle für seine Beschäftigung mit dem »gespaltenen« Deutschland. Das sei aber kein Verdienst, sondern nur das Resultat einer Biographie, »die einem Schriftsteller für seinen Fall gerade zwei verschiedene deutsche Erfahrungen zugewiesen hat, als sein Material«. Mit einem neidischen Seitenblick auf angelsächsischen Sprachgebrauch wünschte er als »novelist« angesprochen zu werden; als ein Autor, »der Romane schreibt wie andere Nachrichten verfassen«.

Der von Uwe Johnson vorgestellte Romanschreiber wird nicht zufällig im gleichen Atemzug mit einem Nachrichtenverfasser genannt. Der Romanschreiber hat dem Leser Unterhaltung *und* Information zu verschaffen, die dem mit ganz anderen Dingen beschäftigten Leser nicht zugänglich sind. Deshalb ist der »novelist« seiner Vorstellung auch imstande, eigens von West-Berlin etwa nach Lübeck zu fahren, um in einem Archiv jenen längst verjährten Band einer Lokalzeitung aufzuspüren, der dann vielleicht für zehn Zeilen seines Erzählens verwendbar wird. Gleichwohl war der Besuch im Archiv unverzichtbar; denn jeder sachliche Irrtum, jede Schlampigkeit in der Arbeit, jede lügenhafte Spekulation »gilt als Grund zur Beschwerde, in schlimmeren Fällen als Anlaß zum öffentlichen Protest, in den schwersten Fällen als Urteil zur Verwandlung des Buches in Altpapier«. Dennoch, der von Uwe Johnson entworfene Schriftsteller ist kein Historiograph, er schreibt nicht Geschichte, sondern Geschichten. Bei aller Vorliebe für die getreue Darstellung von Einzelheiten orientiert er sich programmatisch an einem Zitat aus der *Poetik* des Aristoteles. Dort wird das erfindende Erzählen mit der Geschichtsschreibung verglichen und als nützlicher eingestuft. Die Fiktion gehe nicht bloß auf Einzelheiten aus, sondern auf die Essenz, heißt es dort.

Für die Arbeit des von Uwe Johnson vorgestellten Schriftstellers wird daraus das Postulat hergeleitet, daß der Roman die Historie einer Zeit in nicht-historischer Form zu enthalten habe; damit hat der Roman auch die Erinnerung an tatsächliche Vorgänge aufzubewahren.

Das Bild, das Uwe Johnson von der Arbeit eines Schriftstellers entworfen hat, kann als Modell seiner eigenen Arbeitsweise angesehen werden. Zwar ist es kein maßstäbliches Modell, aber es trifft in einer Reihe von Momenten auch auf ihn zu, soweit seine Arbeitsweise aus den Spuren im Archiv zu rekonstruieren ist. Das beginnt mit dem Aufschreiben von Einzelheiten. Dafür zwei Beispiele und eine Konfrontation.

Das eine Beispiel gehört in die Anfangszeit seiner schriftstellerischen Arbeit. In einem grünen Klemmhefter bewahrte Uwe Johnson einzelne Aufzeichnungen, Bruchstücke von Texten und kurze Notizen aus der Zeit vom 7. Januar 1959 bis zum 28. Februar 1971 auf; vermutlich Blätter, die nicht in den Papierkorb wanderten, weil noch brauchbarer Erzählstoff darin geborgen war. Dieser Klemmhefter ist deshalb von Bedeutung, weil Uwe Johnson offenbar alle Vorstudien, Notizzettel und Aufzeichnungen zu den einzelnen Werken vernichtete, wenn die Arbeiten an einem Typoskript abgeschlossen waren. Unter dem Datum vom 8. Dezember 1959 hatte er das Folgende eingetragen:

»Herr Klempnermeister LEDDIN aus der Rheinstraße montiert mir ein Waschbecken vom VEB Steingutwerk Thorgau, verbilligte Interzonenware, fällt jetzt mitunter sogar besser aus. Ich stehe ihm im Weg, begreife aber (zum Beispiel) das Löten oder vielmehr die Lampe. Und anderes. Gegen fünfzehn [Uhr] Besuch in der Pension Elite, Rankestraße 9, 91 53 08, es ist Herr HÖLLERER anwesend. Die Verleger sollte man alle auf den Mond schießen. Da ich nichts sage, bemerkt Herr EICH etwas von einer gewissen Sympathie für SUHRKAMP. Er hat wirklich wenig Haut; das sagt Frau REHMANN. Immerhin habe ich auch jetzt nicht genug Zeit aufzuschreiben, wie eigentlich sie es gesagt hat.
(...)
Um 19/30 [Uhr] holt mich ab Herr SCHÜRENBERG zum Sender Freies Berlin. Aufnahme der Jakob-Exposition aus den Mutmassungen. Herr JOHNSON war sehr nervös. Er muß schon am Sonntag nicht geschlafen haben. (War das die Grundierung an den Wänden des Waschraums?)«

Auffällig ist zunächst, wie genau Uwe Johnson sich die Arbeit des Klempners ansehen will, selbst auf die Gefahr hin, ungeschickt im

Wege zu stehen. Ihm geht es allein darum, genau zu begreifen, wie eine Lötlampe funktioniert und wie damit zu arbeiten ist. Möglicherweise ist es einmal im Kontext einer zu erzählenden Geschichte erforderlich, diesen Arbeitsprozeß zu beschreiben. Dann muß die Beschreibung so gelingen, daß auch Herr Klempnermeister Leddin aus der Rheinstraße keinen Einwand dagegen erheben kann. Zugleich liefert diese Eintragung einen frühen Beleg, wie er sich selbst beobachtete und beschrieb, wenn er in der Öffentlichkeit die Rolle des Schriftstellers zu spielen hatte. Schließlich ist mit dieser Notiz der etwas erläuterungsbedürftige Satz aus dem zweiten der Lebensläufe »1959 Erste Bekanntschaft mit wirklichen Schriftstellern« zu illustrieren. Die Erinnerung an jene erste Begegnung mit Günter Eich hat Uwe Johnson in *Einatmen und Hinterlegen*, seinem sehr persönlich gehaltenen Gedenkblatt zum Tode des Freundes, aufbewahrt. Dort heißt es:

»Die Kritiker sollte man alle auf den Mond schiessen: sagt Höllerer einst in der Pension Elite und dieser nickt trübe zweifelnd an der technischen Machbarkeit. Sonst gerne.«

Statt der Verleger sind es nun die Kritiker, die man am besten aus den irdischen Gefilden entfernen sollte. Diese Veränderung ist nicht als besondere Rücksichtnahme auf Verleger zu interpretieren, sondern Uwe Johnson hat von der Lizenz Gebrauch gemacht, das Material dem Kontext anzuverwandeln, in den es eingefügt werden sollte. Wenige Zeilen zuvor war an das dreimalig ausgesprochene »Meister, es reicht« eines nicht genannten »Grosskritikers« erinnert worden. Mit dieser handlichen Formel hatte einst Marcel Reich-Ranicki die *Maulwürfe* abgeurteilt.

Das andere Beispiel ist jenen Materialien entnommen, die Uwe Johnson bis zuletzt gesammelt hatte, um seine *Inselgeschichten* zu schreiben. Von Menschen und Ereignissen auf der »Isle of Sheppey« – jener Halbinsel an der Themsemündung, auf der Sheerness-on-Sea liegt – wollte er in diesen Geschichten erzählen. Die Schreibprobe wäre bestanden, erklärte er während eines Begleitseminars zu den Frankfurter Vorlesungen, wenn etwa ein Dutzend dieser Geschichten abgeschlossen wären. Drei solcher *Inselgeschichten* sind entstanden. In Sheerness besuchte Uwe Johnson regelmäßig ein in der Nähe seines Hauses gelegenes Lokal namens »Napier«. Betritt man diese Kneipe, so gelangt man zunächst in einen quadratischen Vorraum, von dem aus sich zur linken und zur rechten Seite je eine Tür öffnet. Die linke führt zur Saloon-Bar, einem Gastraum für ärmere Leute und Arbeiter mit grobkantigen Holztischen und -stühlen; die rechte Tür führt in die Public-Bar, einen Gastraum mit Teppichboden und Tischtüchern für besser gestellte Bürger. Dort ging Uwe Johnson allabendlich hin, natürlich auch um das nötige Quantum an Bier zu konsumieren. Doch der Hocker am Tresen der Public-Bar war zugleich Arbeitsplatz. Von dort aus hatte er einen guten Einblick in die Saloon-Bar, konnte ungestört die Gäste beobachten und ihren Gesprächen lauschen. Die Eindrücke, Informationen und Notizen, die er von dort mitbrachte, wurden dann zu Hause an der Schreibmaschine auf halbseitig beschriebenen DIN-A4-Blättern skizziert. Charakteristisch sind etwa folgende Eintragungen vom 23. Februar 1983:

»Wenn John arbeitet, fährt er zum Beispiel 11 Wagen je Stunde aus dem Schiffsbauch, über eine dreiviertel Meile zum Parkplatz, dann mit dem Bus zurück. Der Atem voll Benzin, die Hände stinken, eigentlich müßte er sich täglich die Haare waschen. Für £ 2.46 in der Stunde (after tax).

Beim Ausladen von Bananen muß man schon Bier mitnehmen in der Thermoskanne. Der Mund wird so leicht trocken in den riesigen Kühlkammern des Schiffes. Paletten bewegen an einer Art Hand-Trolleys.

BILL (72), ELSIE (70), PAT (irisch für Martha), 60:
– How's your wife, Bill?
– Swell.
– Good.
– Still pregnant?

- Yeah.
- What's she having, an elephant?
- Stock's better than money.

- We want you to stay as you are: handsome, and poor!«

Er lasse sich Geschichten »schenken«, so umschrieb Uwe Johnson diese Phase seines Arbeitsprozesses. Saß er mit demjenigen zusammen, der ihm etwas erzählte, das ihm verwendbar erschien, so bat er den Informanten um Erlaubnis. Im ersten Satz der Inselgeschichte *Ein Vorbild* wird auf solch eine Lizenz ausdrücklich verwiesen. Dort heißt es: »Diese Mitteilungen hat Jonathan mir erlaubt, denn sie gehen ja nicht über mich, auch weil er einen gänzlich anderen Namen führt im Alltag seines Berufs (...).« Wurde ihm aus irgendeinem Grund solche Erlaubnis verweigert, dann versprach er, diese Geschichte nicht weiterzuverwenden; ein Versprechen, an das er sich auch hielt.

Die meisten seiner persönlichen Erfahrungen sah Uwe Johnson daraufhin an, ob er sie einer seiner Personen »schenken oder anbieten« könne, hatte er in der *Rede zur Verleihung des Georg-Büchner-Preises* erklärt. Jene Personen, von denen er berichtet, könne er nur mit Verhaltensweisen ausstatten, über die er selbst verfüge oder die er bei »Dritten oder Achten« beobachtet habe. Sein Beruf, so äußerte Uwe Johnson gesprächsweise im selben Jahr 1971, stimme in manchem noch mit dessen ursprünglicher Bezeichnung überein. Das Romane-Schreiben könne auch Geschichten-Erzählen sein. Für ihn sei da aber noch etwas anderes dabei, nämlich der Versuch, ein »gesellschaftliches Modell« herzustellen. Das Modell besteht indes aus Personen; djese Personen sind erfunden, »zusammengelaufen aus vielen persönlichen Eindrücken«, die er hatte. Insofern ist der Vorgang des Erfindens für Uwe Johnson eigentlich ein Erinnerungsvorgang.

Die Konfrontation: Das ständige Memorieren und Aufschreiben von Protokollsätzen, um Situationen, Aussagen und Pointen einzu-

fangen, ist ein charakteristisches Element im Arbeitsprozeß Uwe
Johnsons. So sammelte er eine Fülle von Einzelheiten und spei-
cherte sie in seinem Gedächtnis; sie stellen eine unverzichtbare Voraussetzung für seine wirklichkeitsgesättigte Form des Erzählens
dar. Diese Methode verlangte ihm nicht nur eine erhebliche Ar-
beitsleistung ab, sie erzeugte unter Umständen auch mancherlei
Unbill bei denjenigen, denen seine Form der Wirklichkeitserkun-
dung vertraut war. So zeigte sich Günter Grass, der einmal in Berlin-Friedenau Nachbar und Freund Uwe Johnsons gewesen war,
während einer Sitzung der Akademie der Künste in Berlin höchst
erregt über das fortwährende Mitschreiben Uwe Johnsons. Schon
immer hatte er Notizen während solcher Sitzungen festgehalten.
Dieses Mal aber – weiß Luise Rinser in ihren Aufzeichnungen *Im
Dunkeln Singen, 1982-1985* zu berichten – war die Sitzung geheim.
Es mußte über den Ausschluß eines Mitglieds verhandelt werden.
Während Johnson, ohne eine Wort zu sagen, wie immer in seiner
schwarzen Jacke dabei saß und Notizen kritzelte, erregte sich Grass
heftig: Die Sitzung sei geheim, Uwe Johnson säße nur dabei,
schreibe und schreibe; später könnten alle Beteiligten ihre Sätze
wortwörtlich in seinem nächsten Buch wiederfinden. So gescholten,
stand Uwe Johnson auf und verließ den Raum. Nicht allein seine
Vertrauenswürdigkeit und Diskretion war in Frage gestellt worden,
sondern auch seine Arbeitsweise als Schriftsteller wurde in Verruf
gebracht. Tief getroffen blieb er für eine Weile den Sitzungen der
Akademie fern.

II Handwerk des Lesens

Ein imaginäres Institut

Auf dem Stadtplan New Yorks, wie ihn Uwe Johnson auftragsge-
mäß für *Jahrestage. Aus dem Leben von Gesine Cresspahl* aufbewahrt hat, ist auch der Ort einer besonderen Einrichtung sinnfällig
festgehalten: Madison Avenue an der 83. Straße. Dort »wohnt«, so

teilt Gesine Cresspahl in einem Stück »Phonopost« ihrem Freund, dem Professor für Physik und Chemie Dietrich Erichson, mit, das »Institut zur Pflege Britischen Brauchtums«. Nicht weit entfernt liegt es von der »prächtigen Todesfesthalle, wo die Leute aus dem Register der Gesellschaft New Yorks verabschiedet werden«. Äußerlich der Opulenz der Abschiedszeremonien in der Nachbarschaft angepaßt, sind die Fassade des Gebäudes in der Madison Avenue »geliftet« und die Fenster des Instituts »versiegelt«. Innen sieht es eher schäbig aus, darüber können weder das rote Paneel noch die Gemälde aus dem 18. Jahrhundert hinwegtäuschen, mit denen die Räume »ausgehängt« sind. »Die abgeschabten Sessel müssen sie aus einem londoner Club eingeflogen haben, oder sie sind mit Kunst in solch edlen Zustand gebracht. Die Dienerschaft beträgt sich, als sei das Stadtschloß nur wegen Verarmung des Besitzers offen für den Plebs, und weiblicher Plebs wird auf einer Hintertreppe zum Archiv geschleust.« Nicht in der feinen Nachbarschaft, der Aussegnungshalle, in der das Register der Gesellschaft New Yorks geführt wird, sondern hier in diesem eher heruntergekommenen Institut sucht Gesine Cresspahl nach historischem Unterfutter für ihr Erzählen, weil dies Erzählen ihr vorkommt »wie ein Knochenmann, mit Fleisch kann ich ihn nicht behängen, einen Mantel für ihn habe ich gesucht: im Institut zur Pflege Britischen Brauchtums«. Das ist der Ort, an dem die *Richmond and Twickenham Times* von der ersten Nummer aus dem Jahre 1873 bis heute auf Mikrofilm aufbewahrt wird. Diese Zeitung, ein »Journal für lokale Nachrichten, Gesellschaft, Kunst und Literatur«, ist eine entfernte Verwandte der alten *Times* von London, für Gesine Cresspahl aber kleinbürgerliche Verwandtschaft, »mit reißerischen, fast ordinären Inseraten auf der ersten Seite, jedenfalls im 59. Jahrgang, 1932«. In Richmond, Greater London, lebten zu Beginn der dreißiger Jahre ihre Eltern Heinrich und Lisbeth, die geborene Papenbrock. Um für die drängenden Fragen ihrer Tochter gewappnet zu sein, die wissen will, wie es gewesen sein mag, »als Großmutter den Großvater« nahm, will sie den »Knochenmann« ihres Erzählens umhüllen. Die Einkleidung hofft sie in jenen alten Jahrgängen der britischen Tageszeitung zu finden. Ist Gesine Cresspahl aber nicht tagtäglich mit der *New York Times*, jener Tante aus vornehmer Familie, wie es heißt, »zu Gang und zu Hause« wie mit einer Person? Kann es in der Stadt, in der die *New York Times* residiert, in deren Bannmeile auf Staten Island Richmond/New York liegt, einen Platz für jene kleinbürgerliche Verwandtschaft wie die *Richmond and Twickenham Times* vergangener Jahre geben?

Eine Übersetzerin der *Jahrestage*, Leila Vennewitz, ebenso akribisch bei ihrer Arbeit wie Uwe Johnson bei der seinen, machte sich mit der 1. Lieferung des Werks als »Baedeker« in der Hand auf den Weg durch New York. Ihre Bemühungen galten vor allem dem »Institut zur Pflege Britischen Brauchtums«. In keinem der ihr zugänglichen Stadtführer und Nachschlagewerke war diese Einrichtung zu finden. Eine »English Speaking Union« gab es zwar, aber die hatte ihr Domizil nicht in der Madison Avenue an der 83. Straße. Nachdem trotz des Ortstermins alle ihre Bemühungen gescheitert waren, wandte sich Leila Vennewitz schließlich an Uwe Johnson: »I take this is a real place. Have you the English name?« Nein, diesen Ort gab es nicht, Uwe Johnson hatte ihn erfunden. »I am loath to admit that this institution exists only in my book«; nur widerwillig müsse er eingestehen, daß das »Institut zur Pflege britischen Brauchtums« allein in seinem Buch existiere.

Erzählt wird die Episode mit diesem Institut auf einem Stück »Phonopost«. Geht man diesem Hinweis nach, so ist auch hier eine Erinnerung an Günter Eich aufbewahrt. In einem seiner *Maulwürfe* ist unter der Überschrift *Späne* zu lesen: »Nur die Zwecke kommen zu dir als Phonopost mit verminderter Postgebühr.«

Für die Zwecke seines Erzählens hatte Uwe Johnson sich in New York ein imaginäres Institut geschaffen. Diese Einrichtung wirft ein Licht auf jenen für das Erzählen der *Jahrestage* so charakteristischen »Übersprung« zwischen zwei Kontinenten und zwischen verschiedenen Zeiten. Assoziativ miteinander verklammert sind in diesem Beispiel die erzählerischen Räume durch die beiden »Richmonds« und die verschiedenen Zeiten durch die Zeitungen mit dem Namen *Times*. In Erfahrung zu bringen ist so das Nebeneinander verschiedener Welten und Zeiten, deren Wirklichkeiten und Wahrheiten fortgesetzt zwischen Fiktum und Faktum oszillieren.

Die Bibliothek eines Schriftstellers

> »Jeder Mensch braucht eine Heimat, nicht eine, wie primitive Faustpatrioten sie verstehen, auch keine Religion, matten Vorgeschmack einer Heimat im Jenseits, nein eine Heimat, die Boden, Arbeit, Freunde, Erholung und geistigen Fassungsraum zu einem natürlichen, wohlgeordneten Ganzen, zu einem eigenen Kosmos zusammenschließt. Die beste Definition von Heimat ist Bibliothek.«
>
> (Franz Kien in *Die Blendung* von Elias Canetti)

Ein ganz anderes Institut, aber mit einer ähnlichen Einkleidungsfunktion für den »Knochenmann« seines Erzählens hatte sich Uwe Johnson mit seiner Bibliothek geschaffen. Es war kein Leseinstitut »Legissima«, das hatte Hermann Burger einmal eingerichtet. In dessen Erzählung *Der Leser auf der Stöhr* gibt es einen vermögenden Hausherrn, der lesen läßt. Die angestellten Leser kommen auf Bestellung wie die Klavierstimmer. Auf Kommando des Oberlesers haben sie Altbücher mit den Augen aufzufrischen und neue zu lesen; für kleinere Büchergestelle genügt ein Leser, Regale erfordern eine ganze Mannschaft. Wunschtraum des Oberlesers nach dem gemeinsamen Rundgang mit dem Hausherrn ist es, daß die Bücher einander selbst läsen. »Die Literatur ist es, die fortwährend neue Literatur produziert, sie soll sie auch konsumieren. Bald können sie sich die Handwerker ersparen.« Der Gedanke ist nur konsequent. Der Hausherr aber verwirft diese Utopie, er schätzt sich glücklich, finanziell in der Lage zu sein, seine Bücher noch lesen zu lassen.

Zum Handwerk des Schreibens gehört das Handwerk des Lesens; es gibt wohl kaum einen guten Autor, der nicht zugleich ein leiden-

Für U. J., der ja tatsächlich noch Bücher liest, manche manchmal

[Reinhard Baumgart]

kurz vor Weihnachten 1973

Widmung Reinhard Baumgart an Uwe Johnson

schaftlicher Leser wäre. Uwe Johnson war ein leidenschaftlicher Leser. Sein Laudator bei der Verleihung des Georg-Büchner-Preises wußte das. Reinhard Baumgart widmete ihm seinen Essayband *Die verdrängte Phantasie*, der den Text der Festrede enthält, mit der Eintragung: »Für U. J., der ja tatsächlich noch Bücher liest, manche, manchmal.« Auch als Leser war Uwe Johnson ein Handwerker. Er las bis zur Silbenstecherei genau und verbesserte Druckfehler noch in Kriminalromanen. Vor dem Beruf des Schriftstellers zu warnen hieß bei ihm auch, Alarmsignale zu markieren. Schon als Zehnjähriger wäre seine Leidenschaft für das Lesen auffällig gewesen. Im Gegensatz zu Ernst Bloch etwa hatte er sich in der Gesellschaft von *Winnetou* eher gelangweilt. Karl-May-Bände wurden

Uwe Johnsons Ex Libris

»durchgenommen wie eine Schulaufgabe«, denn sie waren als Geschenke zu würdigen. Selbst die genaueren Indianerbücher, so eines über die Rückzugsgefechte der nordamerikanischen Indianer, »bedeckt mit einem löchrigen Mantel von Wissenschaft«, blieben Pflichtstücke. Der Legende, er habe auf dem Dachboden der Großeltern *Robinson Crusoe* gefunden, ist zu mißtrauen. Die Leidenschaft für Bücher wurde als Flucht vor der Arbeit begriffen. Diesem Vorwurf zu entgehen war nur, indem man entweder mit Büchern handelte oder selbst welche schrieb, wird in den *Frankfurter Vorlesungen* ironisch dazu angemerkt.

Mag leidenschaftliches Lesen als Voraussetzung für den einen Beruf genügen, für den anderen muß da noch etwas hinzukommen. Das Lesen muß produktiv und kreativ werden und dem Schreiben zugute kommen. Das soll beim Blick auf die Bibliothek im Auge behalten werden.

Bestandsaufnahme

Uwe Johnson war nicht nur ein Bücherleser, sondern auch ein Sammler; seine Bibliothek ist Ausdruck einer sammlerischen Leidenschaft, wie schon ein flüchtiger Blick auf die etwa 8 000 Titel eindrucksvoll bestätigt. Die Anordnung einer Sammlung, hatte Walter Benjamin beim Auspacken der eigenen Bibliothek konstatiert, »ist ein Damm gegen die Springflut der Erinnerungen, die gegen jeden Sammler anrollt«. Wie jede Leidenschaft ans Chaos angrenze, so Benjamin weiter, grenzt die Sammelleidenschaft ans Chaos der Erinnerungen. Das ist durch keine Sammlung aufzuräumen. Allein durch die Gewohnheit, ständig mit dem Besitz der Sammlung umzugehen, könne die Unordnung dem Sammler als Ordnung erscheinen. Um die Ordnung dieses geistigen Besitzes zu bewahren, wurde die Bibliothek in der in Sheerness-on-Sea vorgefundenen Form an der Johann Wolfgang Goethe-Universität wieder aufgebaut. In den Kellerräumen des Archivs befindet sich die Privat-, im Erdgeschoß die Arbeitsbibliothek des Schriftstellers. Auch in Sheerness waren beide Bibliotheken in getrennten Räumlichkeiten untergebracht. Für den Arbeitsprozeß ist diese Trennung aber ohne Bedeutung. In den Bänden beider Bibliotheken hatte Uwe Johnson »produktiv« gelesen. Die etwa 4 000 Bände der Privatbibliothek sind alphabetisch geordnet. Hinter den letzten Büchern unter dem Buchstaben Z stehen noch einmal 200 Bücher in eigener alphabetischer Reihenfolge. Es schließen sich dann 60 Kunstbücher und kunstgeschichtliche Werke an, 40 Kochbücher, 70 literaturwissenschaftliche Werke und 30 Lexika und Nachschlagewerke. Als Wolfgang Koeppen einmal das Archiv besuchte, blieb er eine Weile vor der Sammlung mit den Kochbüchern stehen, prüfte sie sorgfältig und verkündete dann mit verschmitztem Lächeln: »Ich habe aber mehr.« Kochbücher werden zweimal an Silvestertagen in das Erzählen der *Jahrestage* eingebunden. Das erste Mal am 31. Dezember 1967, einem Sonntag. »Schmorbraten. Das Fleisch von einem gut abgelegenen Keulenstück (Rindfleisch) spickt man rings mit Speckstreifen, reibt es mit Salz und Nelkenpfeffer ein…

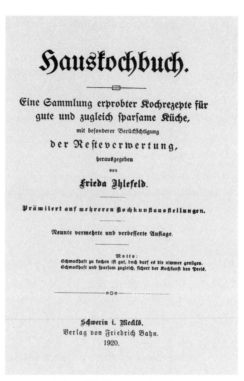

Frieda Ihlefeld, *Hauskochbuch*

Ein Leben in der Ehe, von mir wird Marie es nicht lernen.«
Das hier zitierte Rezept für den Schmorbraten hatte Uwe Johnson
in dem mecklenburgischen *Hauskochbuch* von Frieda Ihlefeld gefunden. Die *Sammlung erprobter Kochrezepte für gute und zugleich sparsame Küche mit besonderer Berücksichtigung der Reste-
verwertung* war 1920 in Schwerin in neunter, verbesserter Auflage
erschienen. Im Eintrag zum 31. Juli 1968 ist mit dem Kochbuch
eine Erinnerung an Silvester 1950 verbunden. »Im Jahre 1950
wurde zum ersten Mal seit 1937 bei Cresspahls das Silvester began-
gen. Es gab keine Karpfen, aber Jakob brachte Krebse mit. Zwar sei
der Krebs in den Monaten, die kein R aufweisen, am schmackhaf-
testen: meint Hedwig Dorn zur Stütze der Hausfrau; auch Frieda
Ihlefeld hängt dieser Auffassung an; jedoch nehme man es damit

beliebig ungenau, die Ihlefeld tut sogar, als wär's ein Gerücht. Zum ersten Mal waren wir, in ungenauer Art, eine Familie in Cresspahls Haus.« *Zur Stütze der Hausfrau*, das ist der Titel eines *Lehrbuchs für angehende und Nachschlagebuch für erfahrene Hausfrauen unter Berücksichtigung ländlicher Verhältnisse* von Hedwig Dorn, das 1922 in der zehnten, neubearbeiteten Auflage in Berlin erschienen ist. Diese Kochbücher werden von Uwe Johnson nicht einfach zitiert, sondern sie eröffnen Erinnerungsassoziationen an Festtage im Familienkreis, an denen etwas Besonderes auf den Tisch gebracht wurde. Die Assoziation, die bei Gesine Cresspahl ausgelöst wird, heißt mecklenburgisches Familienleben. In der Bibliothek ist dieses Erinnerungsstück handgreiflich aufbewahrt. Das Kochbuch hatte schon ihre Mutter, Lisbeth Papenbrock, in Richmond verwendet, als sie Heinrich Cresspahl heimlich nachgereist war, um mit ihm eine Familie zu gründen. In Richmond allerdings scheitert sie bei dem Versuch, nach dem Rezeptbuch von Frieda Ihlefeld zu kochen. Weil sie die englischen Ausdrücke nicht auf der Schule gelernt hat, kann sie die einzelnen Zutaten für die Gerichte nicht einkaufen.

Die Phalanx der alphabetisch aufgereihten Bücher ist auch durch eine lange Namensliste nicht aufzubrechen. Natürlich läßt sich hier eine Reihe stattlicher Werkausgaben finden: Goethe, Schiller, Jean Paul, E. T. A. Hofmann, Raabe, Fontane, Puschkin, Reuter, Joyce, Faulkner, Hemingway, Gorki, Thomas und Heinrich Mann, Barlach, Brecht etc.; sie bleiben aber eine Namenslitanei, wenn sie nicht ins Erzählen Uwe Johnsons eingebunden werden. Auffällig ist auf den ersten Blick die Vielzahl englischer und amerikanischer Bücher und die Menge von Schriftstellerbiographien und Briefsammlungen. Natürlich sind die Werke von Schriftstellerkollegen und Freunden nicht nur vorhanden, sondern auch gelesen: Ingeborg Bachmann, Heinrich Böll, Günter Eich, Hans Magnus Enzensberger, Max Frisch, Günter Grass, Wolfgang Hildesheimer, Walter Höllerer, Erich Kästner, Walter Kempowski, Wolfgang Koeppen, Hermann Lenz, Siegfried Lenz, Robert Musil, Kurt Tucholsky, Martin Walser, Christa Wolf. Keinesfalls beansprucht diese Liste Vollständigkeit. Drei kleine Bücher der Bibliothek Suhrkamp scheinen in dieser Büchermenge von Werkausgaben fast unterzugehen: *Jugendbildnis Alain-Fournier, Briefe*; Alain-Fournier, *Der große Meaulnes*; Raymond Radiguet, *Der Ball des Comte d'Orgel*. Und doch haben sie ihre eigene Bewandtnis. Peter Suhrkamp hatte sie Uwe Johnson geschenkt, als Beigabe zur Ablehnung des Manuskripts *Ingrid Babendererde/Reifeprüfung 1953* bei ihrer ersten Begegnung. Nur das vierte Buch Hermann Hesses *Morgenlandfahrt* ist nicht mehr vorhanden, dafür aber die vollständige Werkausgabe. Ein anderes Fundstück: Zwischen verschiedenen Ausgaben der Werke von Bertolt Brecht steht Band 33 der Bibliothek Suhrkamp in der ersten Auflage mit ausgewählten Gedichten und Liedern Bertolt Brechts, den Peter Suhrkamp selbst besorgt hatte. In dieses Buch eingelegt sind einzelne Blätter aus »allerdünnstem Papier, oft fälschlich bezeichnet als für Durchschläge bestimmt«. Auf solchem Papier zirkulierten Ende der fünfziger Jahre in der DDR Abschriften von seinerzeit noch unveröffentlichten Texten aus dem Nachlaß Bertolt Brechts. Die eigenen Typoskripte hatte Uwe Johnson auch auf dünnem Luftpostpapier geschrieben. Das hatte er wohl von Bertolt Brecht gelernt, denn die Wahl dieser Papiersorte war »ein Hinweis auf mögliche Schwierigkeiten beim Transport und bei der Unterbringung beschriebenen Papiers, auch eines versteckten«. Unscheinbar schließlich ein Taschenbuch, ein Kriminalroman von Dick Francis *Jede Wette auf Mord*; alphabetisch unter B hinter den Büchern Ingeborg Bachmanns eingeordnet. Nur ein Versehen? Die Sammlung von Kriminalromanen steht doch an anderer Stelle. Bei genauem Hinsehen ist eine Notiz auf dem Umschlagblatt zu entziffern: »Der ist gut! I.B.« Gleich daneben findet sich im Regal ein Durchschlag des *Malina*-Typoskripts mit handschriftlichen Korrekturen von Ingeborg Bachmann. Sonderlich viele Notizen und Anstreichungen sind in den Bänden der Privatbibliothek nicht anzutreffen. Zuweilen weist eine Seitenzahl auf der ersten Seite eines Buches auf eine Stelle hin, die Uwe Johnson schnell wiederfinden wollte; so etwa die Zahl 49 in dem von Frederick L. Gwynn und Joseph L. Blotner herausgegebenen Band *Gespräche mit Faulkner*. Auf der angegebenen Seite beantwortet William

Auszug aus dem Telefonbuch von New York für den Namen Johnson

107

Die gebundenen *Spiegel*-Bände aus Uwe Johnsons Arbeitsbibliothek

Faulkner die Frage, wann die Geschichte *Das Dorf* sich zugetragen haben könnte: »Wenn man sich der Mühe unterzieht, eine eigene Welt zu schaffen, dann ist man auch Herr der Zeit. Ich habe dann das Recht, die Fakten in einer Weise zu verwenden, wie sie für meine Erzählung am besten passen. Und ich kann ihren Zeitablauf und auch die Namen verändern.«

In dem beim Verlag eingereichten Typoskript der ersten Lieferung der *Jahrestage* hatte Uwe Johnson für die »Rückseite des Titelblatts« folgenden Vermerk gewünscht: »This is a novel. Any persons and situations in this book are fictitious, telephone numbers &

adresses included. Exception: Facts also reported by the New York Times are to be considered true.«

Die etwa 4 000 Bände der Arbeitsbibliothek hatten ihren Platz in zwei Räumen des Souterrains. Dort standen auch der große Arbeitstisch und die Schreibmaschine unmittelbar neben einem Fenster, von dem aus Uwe Johnson anfänglich aufs offene Meer blicken konnte. Dieser Blick wurde ihm aber durch einen Schutzwall verbaut, der zur Küstensicherung an der gegenüberliegenden Straßenseite hochgezogen worden ist. Der so geliebte Blick aufs offene Meer war dann nur noch vom ersten Stock des Hauses aus möglich. Die Arbeitsbibliothek umfaßt jene Bände, die für Schreibarbeiten unmittelbar griffbereit in der Nähe der Schreibmaschine aufgebaut waren. Auffällig ist die Anordnung der Bücher, die etwas von den Aufräumarbeiten im »Chaos der Erinnerungen« ahnen läßt. Neben einer Reihe von Lexika, Nachschlagewerken, Wörterbüchern und einer Fülle historischer und soziologischer Abhandlungen und Schriften etwa zur Weimarer Republik (darunter ein leicht vergilbtes Exemplar des Versailler Friedensvertrags mit Sachverzeichnis), zum Nationalsozialismus, zur Ermordung der europäischen Juden, eine 650 Titel umfassende Sammlung zu Mecklenburg, circa 300 Bände über die DDR. Entsprechendes etwa im gleichen Umfang zur Bundesrepublik und zu Berlin. Eine ca. 320 Bände umfassende Sammlung zu den USA und New York und etwa 260 Titel zu England und London, Richmond und Sheerness-on-Sea schließen sich an. In dieser Anordnung sind jene Landschaften und Orte wiederzufinden, in denen Uwe Johnson selbst einmal gelebt hatte. Zugleich sind in dieser Bibliothekslandschaft alle Gegenden versammelt, die die Topographie seines Werks prägen.

Augenmerk wird beim Blick auf Schreibmaschine und Arbeitsplatz sogleich auf die roten leinengebundenen Ordner des Nachrichtenmagazins *Der Spiegel* in den Jahrgängen von 1947 bis 1983 gelenkt. Nicht nur Uwe Johnson war ein regelmäßiger Leser des Nachrichtenmagazins, diese Leidenschaft hatte er auch auf Gesine

Cresspahl übertragen. Mit über 700 Stichwortzetteln und zahlreichen Anstreichungen versehen, machen sich die roten Bände unmittelbar neben dem Arbeitstisch breit und eröffnen die Reihe von Lexika und Nachschlagewerken, die dem »Poeta doctus« bei seiner enzyklopädisch angelegten Schreibweise als unerläßliche Hilfsmittel zur Verfügung standen. Diese Anstreichungen und Stichwörter werden zur Zeit computergestützt erfaßt und in einer Datenbank aufbereitet. Die Suchroutinen des Dokumentationsprogramms sollen es dem Forscher ermöglichen, die sperrigen Buchkörper zu sezieren und jene Quellen aufzufinden, die Uwe Johnson als Intarsien seinem erzählerischen Universum eingefügt hat. Mit Hilfe dieses Programms sind nicht nur einzelne Suchoperationen zu organisieren, es ist auch möglich, in einer Übersichtsliste alle von Uwe Johnson vergebenen Stichwörter hintereinander einzusehen. Dem mit den Registern immerhin in 153 Bänden gebundenen Nachrichtenmagazin *Der Spiegel* korrespondieren die blauen Leinenhüllen des 36bändigen Nachrichtenmagazins *Time* der Jahrgänge 1965 bis 1983, die ein paar Schritte vom Arbeitsplatz entfernt im anderen Arbeitsraum aufbewahrt werden. Sie dominieren das Erscheinungsbild des hinteren Raumes in ähnlicher Weise wie die Bände des *Spiegel* den vorderen. Gespickt mit Einlegezetteln und Anstreichungen wurden beide Zeitschriften extensiv als Nachschlagewerk für zeitgeschichtliche Ereignisse genutzt. Für die Erschließung des Nachrichtenmagazins *Time* ist der Aufbau einer ähnlich strukturierten Datenbank in Vorbereitung.

Unter den Lexika wären hervorzuheben *Chambers Encyclopedia* von 1888-1892, *Webster's International Dictionary of the English Language* von 1902, der *Muret-Sanders, Enzyklopädisches englisch-deutsches und deutsch-englisches Wörterbuch* von 1910, ein *Knaurs Konversationslexikon* von 1932, und der *Volksbrockhaus*, Leipzig 1938 sowie die *Brockhaus-Enzyklopädie* in der 17. Auflage von 1974. Auffällig auch die Bände von *Luegers Lexikon der gesamten Technik* von 1926 aus Leipzig und ein umfängliches *Handwörterbuch des Kaufmanns* von 1925. (Einzig die Bände der *Encyclopedia Britannica* in der Auflage von 1974 sind aufgrund einer testamentarischen Verfügung in Sheerness geblieben.) Ferner waren für den Schriftsteller immer erreichbar ein englisches Synonym-Wörterbuch (ein deutsches fand sich nicht zwischen den Bänden der Bibliothek) und das *Oxford Dictionary of Quotations* in der 7. revidierten Auflage von 1959. Es gehört zu den gut drei Dutzend Büchern, die namentlich in das Erzählen der *Jahrestage* eingebunden sind: Am Nachmittag des 9. Mai 1968 sieht sich Gesine Cresspahl den tschechischen Spielfilm *The Fifth Horseman is Fear* im Kino an. Auf dem Weg nach Hause zum Riverside Drive sucht sie nach einer Erklärung: »Die Aussage hört sich an nach jenen Leuten, die unter dem Namen Shakespeare geschrieben haben; sie kennt das Zitat nicht. Sie hat ihr Englisch von einer Dolmetscherschule kaufen müssen; für eine Universität war kein Geld da. Aber sie hat ihren Shakespeare doch gelesen, alle zwölf Bände! [In Uwe Johnsons Bibliothek sind hingegen 36 blaue Leinenbände *Yale Shakespeare* zu lesen.] Kann man eine Behauptung wie die von der fünften Furcht vergessen?« Ihr Griff zum *Oxford Dictionary of Quotations* erweist sich als wenig hilfreich. Unter »Horseman« findet sie nur einen Verweis auf Calverleys Ode an den Tabak, unter »Fear« hingegen fast zwei Spalten, doch selbst nach dreimaliger Durchsicht kann sie keine »Verbindung mit Reiterskrecht und Fünftem« finden. »Die Phrase scheint so geläufig im Englischen, im Amerikanischen, das Buch der Zitate aus Oxford braucht sie gar nicht mehr zu führen. Alle wissen es, die Cresspahl nicht. Sie ist nicht nur durch das Prüfungsfach Tschechisch gefallen. Sie hat auch im Englischen Bruch gebaut.« Geläufig ist die »Phrase« allerdings auch im Englischen nicht. Bekannt sind nur die vier apokalyptischen Reiter, die Krieg, Hunger, Pest und Tod über die Welt bringen. In dem tschechischen Spielfilm wird das Schicksal eines verwundeten jüdischen Jungen gezeigt, der von einem Rechtsanwalt in Prag während der Besetzung vor den Deutschen versteckt wird. Die Deutschen sind es, die den fünften Reiter über das besetzte Land bringen: die Angst.

Besonders produktiv war Uwe Johnsons Umgang mit *Meyers Konversationslexikon* von 1889. Mit einer Poetik-Definition aus »Meyers Allerneuestem« aus Leipzig hatte er die erste seiner *Frankfurter Vorlesungen* eröffnet. Dann prüfte er jene Poetik-Definition, die achtzig Jahre später von der *Kleinen Enzyklopädie: Die Deutsche Sprache* in Leipzig gegeben wurde, für seine Zwecke. Beide Begriffsbestimmungen wurden verworfen. Damit war der Versuch gescheitert, eine für ihn brauchbare Begriffsbestimmung zu liefern. Es blieb allein der Hinweis auf Leipzig erhalten, der »heimlichen Hauptstadt der DDR«, wie er die Stadt in einem 1980 konzipierten Text genannt hatte.

Den »Großen Meyer« von 1889 wußte schon Thomas Mann ausgiebig zu benutzen. Die Beschreibung der Typhus-Erkrankung von Hanno Buddenbrook hatte er in einer »Art von höherem Abschreiben« aus diesem Lexikon übernommen und seinem Erzählen »anverwandelt«. Für Uwe Johnson, der in seiner letzten, fragmentarisch gebliebenen Arbeit *Heute neunzig Jahr* den Lebenslauf der Familie Cresspahl bis ins Dreikaiserjahr 1888 zurückverfolgen wollte, wurde das Lexikon zu einer wichtigen Informationsquelle, um den »Geist der Zeit« in Erfahrung zu bringen. Das geschah natürlich auch mit einem Seitenblick auf den »lübschen« Ehrenbürger. Thomas Mann hatte mit dem Kunstgriff der indirekten Mitteilung von Hannos Tod einen kreativen Umgang mit »Meyers Allerneuestem« von 1889 vorgeführt. Die Beschreibung Mecklenburgs, die in *Heute neunzig Jahr* zu finden ist, wird auch von Uwe Johnson weitgehend diesem Lexikon entlehnt. An entscheidender Stelle aber wird sie sprachlich überarbeitet, um die antislawische Tendenz des Lexikonartikels über Mecklenburg zu verdeutlichen, die in der ideologischen Grundierung jener Jahre zum Ausdruck gekommen ist. Mecklenburg war in einer Entlehnungsumschreibung für »Meyers Allerneuestes« aus Leipzig das »Land, wo die germanisierten Slawen hausten«.

Ortsbestimmungen

Die Seenplatte Mecklenburgs von Plau bis Templin sei das Land, wohin er in Wahrheit gehöre, teilte Uwe Johnson 1977 den Mitgliedern der Akademie für Sprache und Dichtung mit, als er sich vorzustellen hatte. Dort wolle er sich auch in seiner nächsten Arbeit aufhalten; er wisse auch schon in welcher Eigenschaft, aber er verrate sie nicht. *Ich über mich*, unter diesem Titel wurde jene Vorstellung gleich nach der Herbsttagung der Akademie in der Wochenzeitung *Die Zeit* veröffentlicht. Uwe Johnson bewahrte sie in seiner Mappe mit Lebensläufen auf, allerdings mit einer handschriftlichen Korrektur und einer Anstreichung. Die Überschrift wurde gestrichen und durch *Andere über mich* ersetzt. Bei der Bildunterschrift »Ein Pommer wie er in den Büchern steht: Uwe Johnson« der Photographie, die ihn gleich neben der Überschrift monolithisch vor einer Bücherwand sitzend zeigt, hat er den »Pommer« dick unterstrichen und deutlich mit einem Fragezeichen markiert. Von jener süd-östlich von Güstrow gelegenen Gegend Mecklenburgs hatte er sich aus Meßtischblättern eine quadratische 3,40 Meter große Wandkarte auf Leinen gezogen und ins Wohnzimmer gehängt. Im Zentrum dieser Karte, zwischen Malchow und Röbel, ist jenes fiktive Rittergut zu verorten, auf dem Heinrich Cresspahl 1888 als Sohn einer Landarbeiterfamilie zur Welt kommt. Am unteren rechten Rand dieser Karte wäre das fiktive Wendisch-Burg einzufügen, das den südöstlichen Fixpunkt jenes mecklenburgischen »Yocknapatawpha« bildet. Den anderen Fixpunkt bildet das fiktive Jerichow an der mecklenburgischen Ostseeküste im Nordwesten. Dazwischen eingespannt liegt jenes durch Wirklichkeit garantierte Mecklenburg, das Uwe Johnson sich mit einem »homerischen Gedächtnis« schreibend erworben hat. Diese eindrucksvolle, im Archiv aufbewahrte Karte Mecklenburgs ist nicht nur Vermessungsgrundlage für die Topographie einer literarisch gestalteten Landschaft, sie ist selbst schon Literatur geworden im *Berliner Programmgedicht; 1971* des Freundes Jürgen Becker. Dort ist zu lesen:

(...)   Die ganze Umgebung
wird überschaubar in Friedenau
auf den Meßtischblättern von Johnson.
»Kommt jemand/ dichten Sie sagt er/
sehen Sie mich an/
ein Context/ Erfahrungen montiert/
na gut«;

              und ich betrachte die Gegend,
zusammenmontiert, an der Wand,
und lasse mir zeigen die Nähe
von Peter Huchel

                    – wie er da saß, suchte
Johnson genau auf der Karte die Gegend zusammen
aus seinen Erzählungen,

                    verwischtes Erinnern –
und heute lag die Einflugschneise
einmal nicht über Friedenau, das
wußte ich in meiner Akademie
ebensogenau;
dann wieder, während der mecklenburgischen Mahlzeit,
sah ich vor mir Enten flattern   –»da
hat er geatmet, gehört, gerochen, gefühlt,
gelacht wie ein Mensch« – und
– »sincerely yours« – Mr. Johnson

                    dichtete weiter: (...)

Eine korrespondierende Karte der »Städte Berlins« von ähnlichem
Format hatte Uwe Johnson in seiner Wohnung in West-Berlin an
der Wand hängen. In der *Berliner Chronik* erzählt Walter Benjamin, daß er schon lange mit der Vorstellung spiele, »den Raum des

Uwe Johnson in seiner Wohnung vor einer Karte Berlins

Lebens – Bios – graphisch in einer Karte zu gliedern«. Schwebte ihm zunächst ein »Pharusplan« vor, war er im Frühjahr 1932 eher geneigt, zu einer Generalstabskarte zu greifen. Für diese Karte Berlins hatte Walter Benjamin sich ein eigenes Zeichensystem erdacht, um das Gespinst der Erinnerungen genau verortet aufbewahren zu können. Daraus sollte ein lebendiges Bild entstehen. »Paris vécue« hieß sein Wunschbild. Gelebtes Berlin klänge zwar weniger gut, wäre aber gleich lebendig.

Bestandsaufnahme Mecklenburg

Zum Personeninventar der *Jahrestage* gehört der in Wendisch-Burg geborene Wissenschaftler, »professor of physics & chemistry«, Dietrich Erichson. »D.E. arbeitet in der Rüstung. D.E. sagt: Ich arbeite für die Verteidigung.« Es ist derselbe Erichson, an den das

957

Großherzoglich Mecklenburg-Schwerinscher u. Mecklenburg-Strelitzscher
Kalender von 1888

Stück »Phonopost« gerichtet war. Fünf Jahre älter als Gesine Cresspahl, ist er mit ihr und der Tochter Marie gut befreundet; er will
mit den beiden zusammenleben und eine Familie gründen. Allerdings haben sie, so stellt Gesine Cresspahl nach gründlicher Prüfung fest, noch nicht einmal mehr die Herkunft gemein. Für den
22. November 1967 notiert Uwe Johnson »im Auftrag« von Gesine
Cresspahl:

> »Seine Vergangenheit, die Leute und das Land, Schusting
> Brand und Wendisch Burg, achtet er gar nicht für Wirklich-
> keit. Er hat seine Erinnerung umgesetzt in Wissen. Sein Leben
> mit anderen in Mecklenburg vor doch nur vierzehn Jahren, es

ist weggeräumt wie in ein Archiv, in dem er die Biographien von Personen und Städten fortführt auf den neuesten Stand oder nach Todesfällen versiegelt. Gewiß es ist alles noch vorhanden, beliebig abrufbar, nur nicht lebendig. Damit lebt er nicht mehr.«

Der Mecklenburger Erichson hat seine Erinnerung in Wissen umgesetzt. Das hat ihn zu einem Skeptiker werden lassen, der sich nicht mehr das traumverlorene Nebeneinander verschiedener Welten vorstellen, geschweige denn alternierend in diesen Welten leben kann. Die Informationen aus den Registern der Vergangenheit, die im Archiv wissenschaftlich auf den neuesten Stand gebracht werden, können zwar abgerufen werden, die erfahrene Vergangenheit ist aber nur im literarischen Werk zu finden.

Uwe Johnson hingegen hat mit seiner Bibliothek gelebt, hat sie in Erfahrung gebracht und erfahrbar gemacht. Dabei hat er sie zu einem Archiv eigener Gestalt ausgebaut. Die beste Definition von Heimat ist Bibliothek, heißt es bei Elias Canetti, eine Heimat, die Boden, Arbeit, Freunde, Erholung und »geistigen Fassungsraum« zusammenschließt. Diese Sammlung zu Mecklenburg ist eines der Herzstücke nicht nur der Bibliothek, sondern auch seines Erzählens. Durch systematische Lektüre der dreibändigen *Geschichtlichen Bibliographie von Mecklenburg* und durch eifriges Studium von Antiquariatskatalogen baute er sie ständig aus und stellte sich so ein umfassendes Wissen zusammen. Es finden sich zahlreiche Bücher zur Geschichte, zu Rittertum und Adel, zum Handwerk, zum Ackerbau, zur Entwicklung der Städte und der Architektur, zur Flora und Fauna, zur Landschaft und zu den Bewohnern Mecklenburgs. So verfügte er über einen Band der *Sammlung aller für das Grossherzogthum Mecklenburg-Schwerin gültigen Landesgesetze von den ältesten Zeiten bis zu Ende des Jahres 1834*, der die Kirchen- und Schulgesetze enthält. Daneben steht ein *Hof- und Staatshandbuch des Grossherzogthums Mecklenburg-Strelitz für 1874* oder auch der *Grossherzoglich-Mecklenburgische Staatskalender* für 1903, der vom Großherzoglichen Statistischen Amt her-

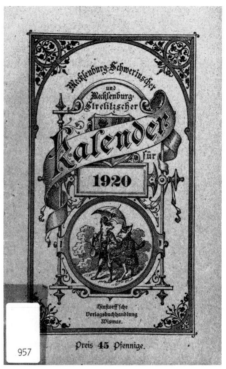

957

*Mecklenburg-Schwerinscher und Mecklenburg-
Strelitzscher Kalender für 1920*

ausgegeben wurde. Hier fand Uwe Johnson historisches Unterfutter
für die Beschreibung der Tuchmacherstadt Malchow am See, das
»Manchester Mecklenburgs«, in dem nicht nur Heinrich Cresspahl,
sondern auch Dr. Julius Kliefoth im Dreikaiserjahr geboren wurden. Um nach einem »Mantel« für den »Knochenmann« des
Erzählens zu suchen, war auch auf den *Grossherzoglich Mecklenburg-Schwerinschen und Mecklenburg-Strelitzschen Kalender* zu-
rückzugreifen, der nach 1918 das Adelsprädikat aus seinem Namen
verloren hat. Später wurde der in Mecklenburg beliebte Volkska-
lender nach dem Fabeltierpaar Fuchs und Hase auf seinem Titelbild
in *Mecklenburgischer Voß un Haas-Kalender* umgetauft. Mit wenigen Ausnahmen befanden sich alle Jahrgänge dieses Kalenders von

957

Mecklenburgischer Voß un Haas-Kalender
1939

1881 bis 1925 vollständig und dann noch die beiden Jahrgänge
1939 und 1941 in Uwe Johnsons Besitz. Aus ihnen waren atmo-
sphärische Partikel für das Erzählen zu gewinnen. So beginnt der
Eintrag zum »2. Februar, 1968 Freitag Groundhog Day« in *Jahrestage* so: »Der Tag, den der Mecklenburgische Voss un Haas-Kalender Lichtmeß nannte, und dort hieß es: Sonnt sich der Dachs in der
Lichtmeßwoche, so geht er auf vier Wochen wieder zu Loche. Hier
haben sie den groundhog, ein Waldmurmeltier oder Erdferkel, und
wenn er in Punxsutawney oder Quarrysville herauskommt und seinen Schatten sieht und sich erschrickt und zurückkehrt in den Win-
terschlaf, dauert der Winter noch sechs Wochen an. Sieht er seinen
Schatten nicht, ist der Frühling angekündigt; was wir aber haben ist

Eine Doppelseite aus dem *Mecklenburgischen Voß un Haas-Kalender*

Nebel und gleichmäßiger Regen, und der Türsteher kommt mit einem Baldachin von Schirm auf die West End Avenue.« Mit ungeheurer Sorgfalt ist noch in den kleinsten Stücken der *Jahrestage* jenes Oszillieren zwischen verschiedenen Welt- und Zeiträumen erzählerisch gestaltet. Die vielfältigen Bücher zur Stadtgeschichte und -entwicklung der Hansestadt Rostock versetzten Uwe Johnson auch in die Lage, bei ausführlichen, lokalpatriotisch eingefärbten Fachsimpeleien mit Walter Kempowski zu bestehen. Diesem war Uwe Johnson ein aufmerksamer Gegenleser. Nur Hans Werner Richter schien ein wenig ratlos, als er bei seiner Arbeit an dem Büchlein *Deutschland, deine Pommern* von Uwe Johnson mit einer eigens aus Antiquariatskatalogen und Nachschlagewerken hergestellten eng beschriebenen dreiseitigen Titelliste bedient wurde. So recht wußte er damit nichts anzufangen.

Natürlich befinden sich unter den vielen Büchern dieser Sammlung einige kuriose Titel. Drei seien hervorgehoben, die auch in das Erzählen der *Jahrestage* eingewoben wurden. In dem Eintrag zum »29. Juli, Monday, dirty Monday« wird von einem Einbruch im Haus am Riverside Drive erzählt. Am hellichten Nachmittag dringt ein Unbekannter in die Wohnung der Cresspahls und sucht überall – auch in den Büchern – nach versteckten Geldscheinen. Da ihn die leeren Bücher verärgern, wirft er sie reihenweise vom Bord, »auch solche, die sind zu alt für Stürze. Übersicht der Mecklenburgischen Geschichte, von Paschen Heinrich Hane, zweitem Prediger zu Gadebusch, gedruckt im Jahre 1804, unbekannt bei ADB, NDB, Brunet, Kresse, Kat.Schl.Holst. Landesbib., das bricht sich nun den mürben Lederrücken, desgleichen Die Geschichte von Meklenburg für Jedermann, in einer Folge von Briefen, gedruckt in Neubrandenburg von C. G. Kolb, Herzoglichen Hofbuchdrukker, 1791, Motto: Moribus et hospitalitate nulla gens honestior aut benignior potuit inveniri. Ja, denkste. Mit dem Absatz drauf.« Das Buch von Paschen Heinrich Hane ist eine Rarität. Weder war es in der *Allgemeinen Deutschen Biographie* noch in der *Neuen Deutschen Biographie* noch bei anderen einschlägigen Nachweisstellen aufzufinden, so ist der Vermerk auf der Angebotskarte des Antiquars zu deuten, den Uwe Johnson aufgehoben hatte. Das lateinische Motto zur *Geschichte von Meklenburg für Jedermann* besagt: Kein Volk konnte gefunden werden, das in Sitten, Gebräuchen und Gastfreundschaft ehrenhafter und gütiger als das »meklenburgische« wäre. »Ja, denkste!« lautet der dreisilbige Kommentar, dem aber alle Eindeutigkeit gleich wieder entzogen wird. »Mit dem Absatz drauf.« Das beschreibt doch allein die Rücksichtslosigkeit des Einbrechers. Oder etwa nicht? Ungebührlich wird auch im anderen Beispiel mit den mecklenburgischen Büchern umgegangen. Im August 1945 kehrt der Gymnasiallehrer für Englisch und Geographie, Dr. Julius Kliefoth, nachdem er seine Frau beerdigt hatte, zu seiner Wohnung in Jerichow zurück. In der Zwischenzeit aber hatten russische Soldaten seine Wohnung besetzt und ausgeräumt. Sachen, mit denen sie »in ihrer Wohnung« nichts anfangen konnten, wurden einfach auf die Straße geworfen. Dort fand er »das fast vollständige Jahrbuch des Vereins für Mecklenburgische Geschichte und Alterthumskunde, die Schriften des Heimatbundes Mecklenburg, die Gesetzessammlungen aus dem siebzehnten Jahrhundert, die Dichtungen des Mittelalters, die Merianstiche, die Landkarten von Homann und Laurenberg, das Zinn«. In Trümmern liegt hier die Sammlung des Gymnasiallehrers zur Mecklenburgischen Geschichte auf der Straße; doch in ihren besten Stücken ist sie im Archiv aufbewahrt. Vor allem jenes *Mecklenburgische Kirchengesangbuch*, das Julius Kliefoth ganz zuletzt noch auf der Straße liegen sah. Es war ein Erbstück seiner Frau, im Jahre 1791 in Schwerin gedruckt »mit Herzogl. gnädigstem Special-Privilegio. Das Exemplar feinen Drucks kostet ungebunden mit Evangelien und Episteln 14 Schillinge Courant. Das Kirchdorfer Exemplar war ein gebundenes, in schwarzem, blankem Leder, und die Silberschilde im Verein mit den Eckbeschlägen hatten das Buch vor Verletzungen geschützt. Nur die Schließen waren aufgeplatzt. Das Schild auf dem vorderen Deckel zeigte die Initialen von J. L. mit der Jahreszahl 1791, auf dem hinteren war dessen Handwerkszeug eingraviert, ein Zirkel, ein Winkel, ein Halbkreis mit Gradeinteilung. Auf den hinteren Seiten hatten die Vorfahren der Frau übereinander Buch geführt. ›Mein Sohn Friederich Gottsch. Johann ist gebohrn den 3. April und Getauft den 19. April Anno 1794.‹ ›Vater ist gestorben, den 29. August, Morgen 7 Uhr 1834, Begraben 3. September.‹ Jetzt mußte Kliefoth noch eine Zeile auf die letzte Seite setzen, (...)« Das *Mecklenburgische Kirchengesangbuch* wirkt, ins Beziehungsgeflecht des Erzählens eingearbeitet, an dieser Stelle keinesfalls preziös; denn diese Buchbeschreibung charakterisiert so indirekt wie selbstverständlich die Familie der verstorbenen Ehefrau Kliefoths.

Bei aller Kuriosität der ins Erzählen gebrachten bibliophilen Raritäten ist eine ausgefeilte Sachkenntnis mecklenburgischer Geschichtsschreibung und Landeskunde vonnöten, sie ausfindig zu machen und in Besitz zu nehmen. Solche Kenntnisse sind noch für die Fauna

Mecklenburgisches Kirchen-Gesang-Buch

Mecklenburgs nachzuweisen. Bevor der Schriftsteller »Uwe Johnson« als »Medium einer Arbeit« am 20. August 1967 den Auftrag von Gesine Cresspahl erhält, fortan in ihrem Namen und an ihrer Stelle die Tage eines Jahres aus ihrem Leben aufzuschreiben, werden auch seine Kenntnisse während eines langen Spaziergangs am Strand von New Jersey unter die Lupe genommen.

»Über dem Meer tobten zivile und militärische Flugzeuge; was lag da näher, als dass sie von der ›Rottgoos‹ sprach, dem Halsbrandregenpfeifer und der Brandgans? Da war es günstig, wenn einer seine Standardwerke intus hatte und sie allesamt erkannte als Ostseevögel, die Tingel- oder ›Rott‹-gänse allerdings als blosse Durchzügler und Gäste an der wismarer Bucht bei Jerichow.«

Geht man diesen ornithologischen Spuren im Archiv nach, stößt man zuerst auf einen Band mit dem Titel *Vögel Deutscher Küsten. Lebensbilder unserer Seevögel während der Brutzeit.* Dort wird der Name des Standardwerks genannt: Rudolf Kuhk, *Vögel Mecklenburgs. Faunistische, tiergeographische und ökologische Untersuchungen im mecklenburgischen Raume.* Erschienen ist es 1939 im Verlag Opitz & Co. in Güstrow. Der befragte »Genosse Schriftsteller« hatte nicht nur das Standardwerk »intus«, es war auch in seinem Besitz. Dort erhält man die Auskunft. »Die Ringelgans, bei mecklenburgischen Fischern unter dem Namen ›Rootgoos‹ allgemein bekannt, ist an unserer Ostseeküste ein regelmäßiger Durchzügler und Wintergast, (...) Das Hauptüberwinterungsgebiet der Art in Mecklenburg stellt die Wismarsche Bucht dar.«

Um der Forschung Quellenvergleichsmöglichkeiten dieser Art systematisch zu erschließen, wird im Archiv computergestützt eine Datenbank zur Sammlung Mecklenburg aufgebaut, zu der auch ein Thesaurus von Ortsnamen gehört. Als Beispiel sei ein kurzer Blick auf die Arbeit an den *Mecklenburgischen Monatsheften* der Jahrgänge 1925 bis 1936 geworfen. Zwischen den Büchern vergraben fand sich eine von Uwe Johnson selbst angefertigte, doppelseitig beschriebene Liste mit Ortsnamen und einigen anderen Stichwörtern wie »Reklame«, »Grundbesitz«, »Ziegelei« etc., denen jeweils Zahlen zugeordnet waren. Mit einigem Spürsinn konnte man relativ schnell diese Liste auf die *Mecklenburgischen Monatshefte* beziehen und mit einer systematischen Erschließung beginnen. Quelle, Fundort, Verfasser der einzelnen von Uwe Johnson markierten Artikel werden ebenso wie eine kurze (notwendigerweise subjektive) inhaltliche Zusammenfassung gespeichert sowie Bilder und Illustrationen festgehalten, damit sie in einen Beziehungssinn zum Werk gebracht werden können. Unter den Stichwörtern besonders auffällig ist eines, das nur aus dem Buchstaben »J« besteht. Folgt man der Fährte, dann findet man in den Jahrgängen 1934 und 1936 der *Mecklenburgischen Monatshefte* jeweils den »Klützer Winkel« kurz beschrieben und im Jahrgang 1933 die Kirche von Klütz, de-

BÜTZOW	2929/279
DARGUN	1931/1o2
DOBERAN	1929/334
DÖMITZ	1926/2o5 193o/23o 1935/<u>276</u>
ELDENA	1929/3o2
FISCHLAND	1925/344 1926/333 1927/297 1928/<u>352</u> 1933/373
GRABOW	1933/249 1935/<u>383</u>
GREVESMÜHLEN	131/79 (Karstadt) 1933/83 (Kosegarten) 1934/268
GÜSTROW	1925/431, <u>438</u> 1928/<u>569</u> 1933/391 1936/275
HAGENOW	1933/311
KLEINEN	1933/54
KRÖPELIN	1929/9
KRAKOW	1936/<u>373</u>
LUDWIGSLUST	1927/443
MALCHIN	1929/24o 1936/<u>342</u>
MALCHOW	1933/77 1935/<u>246</u>
NEUBRANDENBURG	1925/<u>214</u>, 226, 243, 259
NEUKALEN	1926/48o 1929/246
NEUKLOSTER	1931/222
PARCHIM	1934/<u>1o4</u>
PLAU	1935/323
REHNA	1932/<u>152</u>
RIBNITZ	1926/<u>65</u> 1933/87
RÖBEL	1926/<u>269</u> 1933/87
ROSTOCK	1925/426 1926/<u>7o</u>, 1o4, <u>126</u>, <u>131</u>, <u>542</u> 1929/567 1931/<u>84</u>, 123, <u>216</u>, 514 1936/<u>45o</u>
SCHWERIN	1936/<u>167</u>
STERNBERG	1933/38
SÜLZE	1933/1o7
TETEROW	1929/222 1935/<u>36o</u>
WAREN	1927/5oo 1932/349

947

Von Johnson selbst angefertigte Liste mit Ortsnamen

ren Turm – wie jener der Kirche von Jerichow – mit einer »Bischofsmütze« verglichen wird. Wer jetzt glaubt, mit der Ortschaft Klütz maßstabsgetreu jenes Modell vermessen zu haben, das Uwe Johnson sich mit Jerichow geschaffen hat, um die Entwicklung einer mecklenburgischen Kleinstadt unter dem Faschismus zu schildern, muß mit Enttäuschungen rechnen. Hat er sich mit dem *Baedeker* oder einem anderen Reiseführer der neuesten Auflage auf den Weg gemacht, wird er sich irritiert fühlen, wenn er schon im Nachbarort eine Kirche findet, deren Turm mit einer »Bischofsmütze« verglichen werden kann. Diese Bauweise ist charakteristisch für die Kirchtürme dieser Gegend. Und wenn man sich nach einem Reiseführer richten will, dann muß man sich schon der Mühe unterziehen und einen wählen, der mit der erzählten Zeit korrespondiert.

Seite aus den *Mecklenburgischen Monatsheften*

Das Modell für Uwe Johnsons Jerichow – wie für seinen erzählerischen Kosmos überhaupt – ist in Archiven und Bibliotheken, in
Büchern, Briefen, Überlieferungen, Dokumenten und Illustrationen
zu finden. Damit aber fängt das Erzählen erst an. In *Jahrestage* wird
Lisbeth Cresspahl im Herbst 1931 von ihrer Freundin Leslie Danz-
mann nach Graal eingeladen, einem Bade- und Luftkurort von damals 500 Einwohnern, nördlich der Rostocker Heide gelegen und
nur durch einen kleinen Wald vom Strand der Ostsee getrennt.
»Die Freundin aus Jerichow kam nach dem Frühstück in Graal an
und schrieb im Speisesaal des Kurhauses Strandperle Ansichtskar-
ten bis in den späten Nachmittag, Leslie sagte ihr die Ausflüge vor:
Moorhof, Wallensteins Lager, Gespensterwald, Forsthaus Mark-
grafenheide.« Gibt man die beiden Suchbegriffe »Graal« und

»1931« als Verknüpfungsrelation dem Mecklenburg-Programmteil der Datenbank ein, dann wird man auf eines von *Meyers Reisebüchern* in der zweiten Auflage von 1931 aus Leipzig verwiesen. Es trägt den Titel *Mecklenburg* und die Untertitel *Lübeck, Hamburg, Schleswig-Holsteinische Ostseeküste* und teilt nicht nur die Adresse des Gasthofs »Strandperle«, sondern auch gleich die Anzahl der Zimmer mit. Dort werden auch Leslie Danzmanns Ausflüge empfohlen und als Wanderwege mit genauer Stundenzahl aufgelistet.
Selbst eine im Erzählkontext von über 1800 Seiten scheinbar so unbedeutende Szene ist genau recherchiert und in Einzelheiten überprüfbar erzählt. Reiseführer, Fahrpläne, Kursbücher, Land- und Wasserwanderkarten, Stadt- und U-Bahn-Pläne, an vielen Stellen der Arbeitsbibliothek Uwe Johnsons aufbewahrt, waren Materialien zur Orientierung im Leben und in der Fiktion. Auf den letzten Seiten der *Jahrestage* ist ein langes Gespräch aufgezeichnet, das Gesine Cresspahl mit ihrer Tochter führt. Dabei wird erzählt, wie sie die erste Zeit nach ihrer Flucht aus der DDR in Düsseldorf verbracht hat:

> »Das enterbte Kind suchte keine Herren; sie teilte ihre Abende auf zwischen dem Zentralbad in der Grünstraße und der Landesbibliothek am Grabbe-Platz, wo die Leute fürsorglich waren zu einer Kundin, die bestellt einen Jahrgang Zeitungen nach dem anderen. Las die entgangene Zeit nach, seit 1929. Lesen, lesen; wie nach einer tückischen Krankheit. Hielt Düsseldorf für eine Endstation, versuchte sich zu gewöhnen an die glatten durchgehenden Fassaden. (...) Las tapfer nach über Jan Wellem und Immermann, begann eine Sammlung mit dem Führer ›Willkommen im Neuen Heim‹; Düsseldorf um die Jahrhundertwende. Ging zu Fuß nach Kaiserwerth; fand eine Ahnung von Jerichow an einem ochsenblutrot gestrichenen Schuppen (...).«

Diese Sammlung ist auch in Uwe Johnsons Bibliothek rudimentär geblieben, nicht einmal ein Dutzend Titel sind es zu Düsseldorf geworden, erwähnenswert vielleicht die Studie zur Geschichte der Stadt im Dritten Reich, *Düsseldorf und der Nationalsozialismus.* In dem genannten Stadtführer aus der Zeit der Jahrhundertwende *Willkommen im neuen Heim* kann man die »Gesinde-Ordnung für die Rheinprovinz vom 19. August 1844« unter einer Rubrik »Was die Hausfrau wissen muß« nachlesen. Auf dem nach Beschreibung des Antiquars »defekten Stadtplan« sind das Sterbehaus des Schriftstellers Karl Immermann und das Jan-Willem-Denkmal verzeichnet, ein Reiterstandbild des Kurfürsten Johann Wilhelm in der Altstadt mit der Inschrift »Gesetzt von der dankbaren Bürgerschaft«. In Wirklichkeit hatte es der eitle Kurfürst selbst sich noch zu Lebzeiten setzen lassen.

Düsseldorf war für Gesine Cresspahl keine End-, sondern nur eine Zwischenstation; ihre Tochter Marie wird dort am 21. Juli 1957 geboren. Im Frühjahr 1961 verlassen sie die Stadt am Rhein und kommen am 28. April in New York am Hudson an.

Sammlung zu Amerika und New York

Wie die meisten mecklenburgischen »Amerikafahrer« findet sich Gesine Cresspahl nur mühsam in der neuen Welt zurecht. Sie spielt mit dem Gedanken, nach Deutschland zurückzukehren. Allein die *New York Times* ist es, die sie »mit Gründen ausstattet«, in New York zu leben. Hatte sie in Düsseldorf die Zeitungen seit 1929 so gelesen, als sei ihr die Zeit entgangen, liest sie die *New York Times* sehr bald so, als wäre nur mit ihr »der Tag zu beweisen«. In der DDR sozialisiert, hatte sie frühzeitig schon einen Mangel erfahren, der sie zur leidenschaftlichen Zeitungsleserin werden ließ. Parteiamtlicher Verlautbarungen überdrüssig, die sie immer einvernehmlich den Presseorganen hatte entnehmen müssen, war sie neugierig auf andere Tageszeitungen geworden. Neugier und Nachholbedürfnis wurden nach dem Verlassen der DDR die Triebkräfte einer lebenslänglichen Obsession. Die *New York Times* hatte Gesine Cresspahl aus dem breiten Angebot an Tageszeitungen wegen ihrer

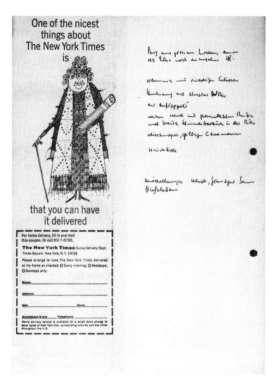

Handschriftliche Charakterisierung Uwe Johnsons der
»Tante« *New York Times* auf einer Anzeige dieser Zeitung

»britischen Abstammung« gewählt. Sie wird zur Person ihres Vertrauens gemacht, und schließlich kommt die Zeitung ihr vor wie
eine Tante aus vornehmer Familie, »und das Gefühl beim Studium
des großen grauen Konvoluts ist die Anwesenheit von Jemand, ein
Gespräch mit Jemand, dem sie zuhört und antwortet mit Höflich-
keit, dem verhohlenen Lächeln und solchen Gesten, die sie heutzu-
tage einer Tante erweisen würde, einer allgemeinen, nicht verwand-
ten, ausgedachten: ihrem Begriff von einer Tante«. Als »Tanten«
wurden während ihrer Schulzeit ältere Lehrerinnen bezeichnet, die
humanistisch gebildet, in gutem Willen den Lauf der Dinge mißbil-
ligten.

Ein Raum des Uwe Johnson-Archivs

Eine Zeitung als »Tante« zu bezeichnen ist weder eine originäre Erfindung Uwe Johnsons noch eine Marotte. Es ist wie so vieles in seinem Werk Zitat, indirekte Mitteilung, hintergründiges Spiel und Schabernack. Bekannt ist, daß ein altehrwürdiges liberales Blatt, die *Vossische Zeitung*, die 1934 auf Befehl der Nationalsozialisten ihr Erscheinen einstellen mußte, von Theodor Fontane oder auch Fritz Reuter »Tante Voss« genannt wurde, eine schrullige Anrede für eine Zeitung, die in den zwanziger Jahren in Berlin durchaus verbreitet war. Im 18. Jahrhundert hatte »Tante Voß« in der Spehnerschen Zeitung einen Konkurrenten, den die Berliner entsprechend »Onkel Spehner« nannten. Uwe Johnsons einstiger Freund aus Berliner Zeiten in den sechziger Jahren, Wolfgang Neuss (der sich immer einmal einen von Uwe Johnson eigens für sein Kabarett geschriebenen Text gewünscht hatte, ihn aber nie erhielt), sprach vom *Tagesspiegel* als einer reaktionären Tante. In der *Reise nach Klagenfurt* erinnert sich Uwe Johnson an ein Telefongespräch mit Ingeborg Bachmann, in der sie die italienische Tageszeitung *La*

Stampa eine »alte Tante« nennt, sie sei »objektiv, also leidlich objektiv«. Trotz eines Anklangs von Betulichkeit bekundet auch die Anrede »Tante Times« in *Jahrestage* Ehrerbietung und Respekt. Für Gesine Cresspahl ist die *New York Times* eine altehrwürdige, rüstige Dame, wohlsituiert im 117. Jahrgang, eine »erprobte Lieferantin von Wirklichkeit«. Mit dieser Person könne man »Pferde stehlen an allen Tagen, da die Gesetzgebung den Diebstahl von Pferden vorschreibt«.

Das sorgsam ausgemalte, auf Seriosität bedachte und um Glaubwürdigkeit bemühte Bild dieser Person sieht sich eines Tages mit einer Karikatur konfrontiert. In einer Eigenanzeige wirbt die *New York Times* mit einer älteren Dame um Abonnenten. Da eine Karikatur um der Pointe willen überzeichnen muß, werden in der *New York Times* üblicherweise keine Karikaturen abgedruckt; bei dieser Zeitung »britischer Abstammung« geschieht das aus Gründen der Fairneß und des eigenen Anspruchs. Eine Karikatur könne nur einerseits sagen, niemals zugleich andererseits.

Den Leitspruch der *New York Times* für ihre Redaktionsarbeit hat Uwe Johnson erst nach sorgsamer Recherche im April 1971 in den Erzählkontext der *Jahrestage* eingefügt. Seine erste Version hatte nur drei Zeilen und kein Komma nach PARTY, wie von seiner Informantin moniert wurde.

> TO GIVE THE NEWS IMPARTIALLY,
> WITHOUT FEAR OR FAVOR,
> REGARDLESS OF ANY PARTY,
> SECT OR INTEREST INVOLVED

In seinen *Frankfurter Vorlesungen* hatte Reinhard Baumgart 1967 gefordert, die »neue Erzählung« müßte die durch Information angelieferte, gründlich vermittelte Welt in sich einschließen. In einer ganz frühen Phase seiner Arbeit an *Jahrestage* hatte Uwe Johnson ihn gefragt, ob er bereit wäre, seine Arbeit lektorierend zu begleiten. Aus der Befürchtung, die eigene schriftstellerische Arbeit würde dabei zu kurz kommen, lehnte Reinhard Baumgart das An-

Reklame der *New York Times*

gebot ab. Uwe Johnson aber setzte seine begonnene Arbeit fort, »angelieferte« Informationen zu sammeln und zu bearbeiten, um das »Gespräch« von Gesine Cresspahl mit der »Tante Times« organisieren zu können. Ein Resultat dieser immensen Fleißarbeit ist im Archiv zu besichtigen. Mitten zwischen den Nachschlagewerken und Lexika, von der Schreibmaschine aus mühelos zu greifen, reihen sich dreizehn Leitzordner mit den selbstgefertigten Ausschnitten der *New York Times* aneinander. Zwölf dieser Konvolute folgen einer chronologischen Ordnung – vom 5. Juli 1966 bis zum 29. August 1968. Damit weisen sie über die in *Jahrestage* erzählte Zeit, über jenes Jahr »aus dem Leben von Gesine Cresspahl« hinaus, das mit dem 20. August 1968 endet. Der dreizehnte Ordner, auch äußerlich schon von den anderen unterschieden, ist nach thematischen Gesichtspunkten gegliedert. Die vergebenen Stichwörter heißen etwa: CSSR, Hungary 1956, glossolalia, South Ferry, New York Photographs, New York: apartments of the Rich, subways, Taxi, poverty, doors, New York street plays, N. Y.:races, USSR

Communists

All the News That Fits the Line

"We think we are objective because we admit our orientation," says Carl Winter. "Those who claim to be objective and deny their orientation are really camouflaging."

Mr. Winter spoke as editor of The Worker, the Communist newspaper that now comes out twice a week and has just started a drive for $1-million to enable its own replacement by "a new Marxist daily" for the 1968 Presidential campaign. Announcement of the project was made at the 45th anniversary reception for The Worker last week.

The Worker started as a weekly in 1922, became a daily in 1924, kept that status until 1958 when it sank to a circulation low of 5,574, and has been trying to climb back ever since. Its current paid circulation is 14,218. The proposed new daily, according to campaign coordinator Simon W. Gerson, "will recognize a special responsibility to the entire Left."

The Worker publishes eight tabloid pages on Tuesday at 10 cents a copy and 12 pages on Sunday at 15 cents. The paper's lead stories during the last few weeks have played up opposition in the U.S. to the Vietnam war. Other recent headlines have proclaimed, "Styron's Anti-Negro Novel Is Libel on Nat Turner," "Cuba Builds A School City on Former Island of Terror," "Wages Being Increased Jan. 1

in Soviet Union," and "Racistas y Reaccionarios en Departamento Policia" (a Tuesday "El Trabajador" page appears in Spanish).

Little space is devoted to news of the Communist Party, U.S.A., a major supporter. Mr. Winter says there are other vehicles for internal discussions, such as the irregularly appearing bulletin, Party Affairs.

In The Worker recently, Gus Hall, the party's general secretary, congratulated Communist China on its 18th anniversary and expressed faith that Marxist-Leninists there "will surely find the way to overcome all present barriers for further advance along the road of social progress and peace."

Several issues have had a section of Questions and Answers by Hyman Lumer, party educational secretary, explaining the party line favoring the Arabs—"their growing unity today must be considered as basically anti-imperialist."

Joseph Brandt, business manager, says the editorial and business staff has grown recently—to 25. He and managing editor Erik Bert are paid $90 a week. Some work free.

The latest circulation report says The Worker has 3,664 mail subscriptions, 10,554 sales through dealers, carriers, street vendors and counters. Many such sales are by individuals

taking bundles of five to 500 copies to dispose of; Mr. Brandt says 600 to 800 of the 2,700 newsstands in New York City carry The Worker, but many others won't handle it, including many operated by war veterans.

About half the circulation is in the New York metropolitan area, Mr. Brandt says. He thinks the "overwhelming majority" of readers around the country are workers in basic industries, and the average reader is in his late 40's and early 50's.

Arnold Johnson, the party's public relations director, says the party has increased recently to 13,000 members. These include many married couples and family members; non-Communists may represent a third or more of The Worker's circulation.

Like many rival journals from political right to left, The Worker keeps up a steady flow of appeals for readers' financial contributions. Mr. Brandt says operating income covers only $100,000 of a $250,000 annual cost.

Mr. Winter says The Worker aims to find "people who are discontented, looking for a better way," and to "give them a medium to express their desires." In turn, he says, "we want to tell them that we see the source of their difficulties and discontent in social and economic systems that need supplanting by socialism."

Ausriß aus der *New York Times*

looks at USA, Book set by computer, Upper West Side, Staten Island, tactical police, Washington riots, US : Germany, New York Newspapers, Negroes in Vietnam, G. I. view Vietnam, Vietnam destruction, Newsweek Vietnam, coming riots usw.

Augenfällig an diesem Ordner ist insbesondere die Fülle der aufbewahrten Photographien und Illustrationen. Die Beschäftigung mit Photographien und dem Photographieren fängt bei der Familie

Cresspahl in *Jahrestage* mit Gesine an. Während ihr Vater noch keine Lichtbilder braucht, um seine Erinnerungen aufzubewahren, ist sie die erste, die bei der Spurensuche nach Gegenwärtigem und Vergangenem das Vergessen fürchtet. Ihre Tochter Marie schneidet bereits Photographien aus Zeitungen aus, sammelt sie und findet mehr darin als abgebildete Wirklichkeit. Zum einen sind ihr Photographien Beweisstücke des täglichen Lebens in New York und auf der Welt, zum anderen liefern sie Vorlagen für Vorstellungsbilder. So werden Photographien häufig Anlaß zu langen Gesprächen zwischen Gesine und Marie, wobei vor allem Marie sich durch ihren Willen auszeichnet, Selbsttäuschungen zu vermeiden.

Schon ein flüchtiger Blick in die imponierende Materialsammlung läßt erkennen, daß die *New York Times* im doppelten Sinn des Wortes ein »Medium« für das Erzählen der *Jahrestage* ist; zum einen ist sie als Zeitung Informationsmittel und Lieferant von Weltnachrichten, eine Art Chronik laufender Ereignisse. So hatte Uwe Johnson diese Zeitung wohl zunächst auch für sich gelesen. Jede Ausgabe führt an prominenter Stelle die wichtigen Meldungen des Tages in einer Art Inhaltsverzeichnis auf. Es ist in vier Abteilungen untergliedert »International«, »National«, »Metropolitan« und »The Other News«. Mit schwarzem Tinter wurden hier jene Artikel angestrichen und markiert, die dann vielfach mit den dazugehörigen Photographien ausgeschnitten und auf DIN-A4-Blättern aufgeklebt und aufbewahrt wurden. In dieser Zusammenstellung von Nachrichten bleiben die Ereignisse der Welt trotz aller Fülle vereinzelt.

Zum anderen bildet die *New York Times* noch in einem übertragenen Sinn ein »Medium« für das Erzählen der *Jahrestage*. Uwe Johnson setzt (das kann jetzt an Ort und Stelle in jedem Einzelfall genau analysiert werden) die Zitate aus der *New York Times* selten nur authentisch ein. Er hat sich den Auftrag zu Herzen genommen, das »Bewußtsein des Tages« von Gesine Cresspahl zu notieren. Die in der *New York Times* gelesenen Artikel werden mit ihrem Alltag und ihrem Bewußtsein in der Fiktion verschränkt. Wie diese Arbeit

SUNDAY IN NEW YORK: Passers-by on a flight of steps in Central Park leave their footprints in the snow. Picture was taken along Central Park South, near Sixth Avenue.

1. Januar, 1968 Montag

Drei Zoll Schnee. 24 Grad Fahrenheit, gegen die Fenster gewischt von einem Wind, der kälter ist.

Bis durch das Frühstück hält Marie es noch aus, läßt sich ablenken von D. E., der ihr weismachen will, sie sei in der New York Times abgebildet. Tatsächlich zeigt ein ausführlich erzählendes Foto zwei Personen, eine kleinere, zumindest die größere D. E. in der Statur ähnlich, beide unter Regenschirmen, die eine Treppe zu Schnee mit Tauflecken und spillerigem Parkgeäst hinuntersteigen. Die Regenschirme muß sie ihm noch bestätigen, an sich als die Kleingewachsene zu seiner Rechten glaubt sie nicht mehr, und nun nützt es ihm nicht mehr, daß er den Daumen über die Unterschrift »Central Park« gehalten hat; ihr war gleich gewiß, daß es eine solche Treppe im Riverside Park nicht gibt, wenngleich sie gestern abend eine ähnliche benutzt haben, auch mit einer Laterne rechts, nie diese. – Mit New York: sagt sie siegesgewiß, verächtlich: damit legst du mich nicht herein.   »Jahrestage« Bd. II, S. 537-38

handwerklich im Detail von Uwe Johnson ausgedacht, gestaltet und bewältigt worden ist, das kann im Archiv verfolgt werden. An zwei Beispielen (vom 15. Oktober 1967 und vom 1. Januar 1968) ist die Sinnfälligkeit eines Vergleichs zwischen »gefundenem« Quellenmaterial und dem, was Uwe Johnson daraus »erfunden« hat, zu demonstrieren.

Die Beispiele, die hier gegeben wurden, sollen eine Vorstellung davon vermitteln, was »kreatives« Lesen bedeutet und wie es für das Schreiben »produktiv« gemacht werden kann. Sie ließen sich an vielen anderen Büchern und Materialien nicht nur aus der Sammlung zu Amerika und New York, sondern auch zu allen anderen Gegenden dieser Bibliothekslandschaft beliebig vermehren. Unter den Büchern, Reiseführern, Stadt- und U-Bahn-Plänen, Telefonbüchern aus diesem Bereich fallen noch Titel ins Auge wie *The American Metropolis. From Knickerbocker Days to the Present Time. New York City Life in all its Various Phases. A Historiograph of New York in Three Volumes*, 1897 von Frank Moss geschrieben. *The Airtight Cage* von Joseph P. Lyford. Dieses Buch schickt Gesine Cresspahl ihrer Freundin Anita Gantlink. In einer organisierten Fluchthilfe-Aktion, die von Anita für einen ostdeutschen Jungen in die Wege geleitet worden ist, besorgt Gesine amerikanische Papiere. Das Buch, das Informationen über Lebensbedingungen in der Oberen Westseite von Manhattan vermittelt, wird in das Paket gelegt, »damit euer Schützling zur Not den Kontrolloffizieren etwas erzählen kann«. Auffällig auch der mit zusätzlichen Materialien der *New York Times* aufbereitete *Report of The Warren Commission on the Assassination of President Kennedy*, neben einer Reihe von Büchern zur Familie und zum Mythos der Kennedys, eine interdisziplinäre Studie *Children and the Death of a President*, in der vor allem die psychologischen Auswirkungen der ausführlichen Fernsehberichterstattung zur Ermordung von John F. Kennedy auf Kinder untersucht werden. In den *Jahrestagen* gibt es keinen Fernsehapparat in der Wohnung der Cresspahls. Marie darf sich indes ein Fernsehgerät ausleihen, als die Ermordung Robert F. Kennedys bekannt

Staten Island's **lack of growth** or (as is more popular today) **excessive growth**, pointed to the prevalence of malaria (mosquitos prospered in the island's marshes) and **poor ferry service**. Indeed, the preceding decades had seen one ferry's hull crushed by ice, another blown up as the result of a boiler explosion. Prospective passengers were understandably alarmed.

The rural nature of the island, however, did attract the sporting set from across the bay. Here the **first lawn tennis court in America** was built in 1880, and the **first American canoe club** founded. Lacrosse, cricket, rowing, fox hunting, fishing, bathing, and cycling engaged **weekend enthusiasts**. But by the beginning of the 20th Century, the island's popularity had begun to wane. Fantastic schemes worthy of **Barnum and Bailey** were developed in a last-ditch attempt to lure the tourist trade. One promoter imported **Buffalo Bill's Wild West Show**, complete with sharpshooting **Annie Oakley**, "Fall of Rome "spectacles, and herds of girls and elephants.

[9b.]

Today and Tomorrow: During the last half-century the dangers threatening the island's natural advantages of space, air, grass, and trees have increased. Park areas are being **menaced by expressways**. On humid, stagnant days, lawns shrivel up and die from chemical fallout, and citizens hastily retreat to the safety of air conditioned homes. Meadows have been **scraped clean** of trees, natural streams buried, **hills leveled** in preparation for jerry-built housing developments. Wild salt marshes are now city garbage dumps. The outlook is grim—particularly to a person who remembers what rural Staten Island was once like. But to a person who knows how rare a **blade of grass** is in Manhattan or Queens, the island, by contrast, is positively pastoral. With its waterfront areas as yet unspoiled by shorefront drives, its wooded hills as yet **unscarred by bulldozers**, the island still has a marvelous potential for recreational and residential development. Whether this potential is realized or recklessly squandered will be determined within the next decade.

Staten Island Ferry Ride
"We were very tired, we were very merry—
We had gone back and forth all night on the ferry."
                              Edna St. Vincent Millay
Drawbridges and rusty chains clank, engines shudder and grunt, the throaty whistle blasts, and the ferry churns out into the oily waters of New York harbor. Petulant gulls hover aloft, commuters, inured to the spectacular, settle behind newspapers while tourists crowd to the rail. Children and even some adults become very merry.

Ferries leave every 10 or 15 minutes on weekdays, every 20 minutes on Saturdays and Sundays. Fare: a ridiculous **five cents**. Enter through the aquamarine tile building, singularly lacking the

380   **RICHMOND**

grace of the **old terminal** next door designed by Walker & Morris around 1900. Upon boarding, move to the far end of the second deck. From this position, Brooklyn lies to the left, and Governors Island is immediately ahead; Ellis Island, the old immigration station, and the **Statue of Liberty**, bound to produce a **lump in the throat** for even the most callous, appear in succession on the right.

The **first glimpse** of Staten Island is attractive. Steep, wooded hills rise behind the civic center of St. George; **Greek Revival porticos** appear along the waterfront, and **Gothic spires and Italianate towers** of schools and churches top hills on the right. On a misty or, more likely, smoggy day, the aspect is momentarily reminiscent of a **small Italian town**. Romance is quickly dispelled by the brutally efficient red brick ferry terminal, with its pea green tile interior—more suggestive of an athletic shower room than of a **gateway**.

Advice for Touring: A map is absolutely necessary. A newspaper stand inside terminal may have one. A better bet, however, is an inexpensive Chamber of Commerce map sold at Toder's Newspaper Store, 32 Bay Street (open mornings only, on Saturdays and Sundays). A car is not a necessity but offers distinct advantages.
Carless tour: See St. George, then take Bus 114 to Richmondtown, look around restoration project, proceed to Tottenville on Bus 113 to see Conference House. Return by Staten Island Railroad to St. George.
Driving tours: Don't try to do the whole island in one day. Distances are deceptively long, roads poorly marked, buildings hard to find. Specific driving instructions are given to save time. If you must be independent, go ahead but with fair warning.

Restaurants: They are few and far between. For lunch, soda fountains or coffee shops are the best bet. For supper, Carmen's is highly recommended. Note: By New York standards, decor in all restaurants is atrocious.

Carmen's, 750 Barclay Ave., southern section of the island near Hylan Blvd. and Woods of Arden Rd. Open 4–12 PM every day except Tuesday. Spanish and Mexican food. Indigenous and excellent. Dinner only. Closed Tuesday.

Jones' Steak House, 945 Manor Rd., near Todt Hill. bet. Croak and Liberty Aves. Open 11:45 AM–10 PM. Good steaks at reasonable prices. Lunch and dinner. Closed Mondays. 442-9628.

The Shoal's, 2 Shell Rd. off Nelson Ave. Great Kills Harbor. The service leaves something to be desired, but food—mostly seafood—doesn't. Call for hours, YU 4-6316.

Ann's Sugarbowl, 1113 Victory Blvd. near Clove Rd. Luncheonette-dinner with ordinary, but good, food. Open 2–11 PM every day except Mondays. 442-9553.

Trimarche's Restaurant, 1650 Hyland Blvd. near Dongan Hills. bet. Altar and Cromwell. Open during the week, Noon–3 PM, 5–10 PM; Saturdays, 5–10 PM; Sundays, Noon–10 PM. Dull decor but food is fine. Italian cooking or American steaks and chops. Occasionally has excellent wines. EL 1-7755.

Eggers Confectionery, 1400 Forest Ave. near Burnside Ave. Serves excellent homemade ice cream. Highly recommended. Open 2–10 PM daily except Tuesdays. 442-9529.

ST. GEORGE-NEW BRIGHTON

[1a.] Original Chief Physician's House, U.S. Coast Guard Base, 1 Bay St., adjacent to ferry. 1815. (Visiting by appointment.) ☆
Gambrel roof of handsome, Federal-style building can be seen from Richmond Terrace, picturesquely peeking over base's high brick wall. Fussy bay windows capped by scalloped roof added to facade later.

[1b.] Borough Hall, Richmond Terrace opposite ferry terminal. 1906. Carrère & Hastings.

Staten Island: St. George-New Brighton   381

Eine Doppelseite aus dem *AIA-Guide To New York City*

wird. Die Studie von Studs Terkel *American Dreams. Lost and Found* findet sich ebenso wie seine Bücher *Talking To Myself. A Memoir of My Times* und *Division Street: America*. Gustav Meyers zweibändige *Geschichte der großen amerikanischen Vermögen* von 1923 steht neben den Studien von Ferdinand Lundberg *The Rich and The Super-Rich* und John K. Galbraith *The New Industrial State*. Natürlich gibt es viele weitere Bände zur amerikanischen Geschichte, zum Vietnam-Krieg, zu den Präsidentschaftswahlkämpfen, zur Beteiligung Amerikas am Zweiten Weltkrieg. Doch es sollte hier nicht die Anordnung einer Bibliothek wiedergegeben, sondern ein Einblick in eine Sammlung vermittelt werden mit Hinweisen, wie mit diesen Büchern erzählt worden ist. Drei Titel aber sollen gleichwohl nicht unerwähnt bleiben. Der eine Titel: *Memoiren 1968-1973* von Henry A. Kissinger: 1961 hatte Uwe Johnson auf Vermittlung Siegfried Unselds während eines viermonatigen Aufenthalts an der Wayne State University von Detroit an einem der damals bereits berühmten Seminare Kissingers teilgenommen. Der andere: *Amerika-Fibel. Für Erwachsene Deutsche. Ein Versuch, Unverstandenes zu erklären* von Margret Boveri. Das Büchlein ist 1948 in Freiburg erschienen. Mit Bleistift hat Frau Boveri auf der Titelseite über dem Erscheinungsjahr angemerkt: »1946 in Berlin im Minerva-Verlag erschienen. Wurde von den Amerikanern verboten, aber heimlich weitergereicht.« Der dritte Titel schließlich ist ein Stadtführer: *AIA Guide To New York City*, der vom American Institute of Architects 1968 herausgegeben wurde. Der kurzen Beschreibung einer Fahrt mit der Fähre nach Staten Island, einer »Staten Island Ferry Ride«, wird eine Gedichtzeile vorangestellt:

We were very tired, we were very merry –
We had gone back and forth all night on the ferry.

Edna St. Vincent Millay

Die zwei Gedichtzeilen, die Uwe Johnson zufällig in diesem Stadtführer gefunden haben mag, werden in den »Lieferungen« der *Jahrestage* als eine Art Leitmotiv eingeführt, dreimal zitiert und zunehmend bedeutsam. Zunächst klingen sie am 16. September 1967, am Schluß des ersten »South Ferry Tages«, an, ohne daß der Name der Verfasserin genannt würde, unvermittelt eingeführt als Reaktion auf die »Stimme« von Heinrich Cresspahl. Der Tag der South Ferry ist der einzige Jahrestag, der in *Jahrestage* wiederholt vorkommt. Jeder Tag kann von Marie, aber nur von ihr, zum »South Ferry«-Tag erklärt werden. Gewöhnlich ist es ein Sonnabend. Marie verleiht das Prädikat dann, wenn Gesine Zeit findet, auf der von ihrer

138

Tochter so geliebten Fähre hinüber nach Staten Island und wieder zurück zu fahren, vor der Kulisse der Freiheitsstatue und der Südspitze Manhattans mit der Wall Street. »We had gone back and forth all night on the ferry«, die Reise mit der »South Ferry« wird von Marie deshalb so geliebt, weil es im Gegensatz zu jeder anderen Reise eine Reise ist, ohne Abschied nehmen zu müssen. Den zweiten Tag der South Ferry, den 13. Januar 1968, verbringen sie zusammen mit Annie Fleury, einer in Finnland geborenen Fremdsprachensekretärin und Freundin von Gesine. »Sie ist auch von der Ostsee, der bottnischen, ein Bauernkind (...).« Wieder beendet das Zitat wechselseitig in ausgelassener Stimmung vorgetragen einen South-Ferry-Tag. Dieses Mal aber wird der Name Edna St. Vincent Millay ausdrücklich genannt; zuerst von Annie Fleury, dann von Gesine Cresspahl. Beschlossen wird damit eine Szene, in der die beiden Freundinnen einander erzählen, wie sie sich einmal aus purem Übermut das gleiche Essen mehrmals bestellt hatten. Bei Gesine war das ein Bauernfrühstück in Beidendorf in Mecklenburg. Mit Beidendorf wird, zunächst als Vorausdeutung nicht erkennbar, eine für Gesine traumatische Erinnerungsassoziation ausgelöst. Am Tag der South Ferry hatte die *New York Times* Schneeverwehungen aus Mecklenburg gemeldet.

> »Eine Nachricht wurde ihr das erst, weil vier sowjetische Panzer, drei als Wegwalzer, eine Schwangere aus ›Beidersdorf‹ ins Krankenhaus nach Wismar fuhren. Where she gave birth to a healthy boy. ›Macklenburg‹ sagt die New York Times, die schusslige alte Dame. Und jenes Beidersdorf ist die Gemeinde Beidendorf, um 800 Einwohner, zwischen Mühlen-Eichsen und Wismar gelegen, wo das Land 90 Meter über der Meerhöhe hingepackt ist. Wäre sie doch selbst hingefahren, die vertrauensselige Tante Times, die Welt wüßte jetzt vom Beidendorfer Teich und die Entfernung nach Gneez und Jerichow.«

Am dritten Tag der South Ferry, dem 29. Juni 1968, werden der Titel des Gedichts *Recuerdo*, der Name der Verfasserin und ihr

Soviet Tanks Go to Aid Of Woman Having Baby

Special to The New York Times

BERLIN, Jan. 12—Three Soviet tanks, moving through large snowdrifts, paved the way to a clinic today for a pregnant East German woman.

A fourth tank carried the woman, a farmer's wife, from Beidersdorf to a clinic at Wismar, where she gave birth to a healthy boy.

The incident in the Baltic Sea province took place as a 24-hour snowstorm disrupted normal traffic throughout the country.

Soviet and East German Army units, as well as police men, firemen and students were called out to help combat the chaotic conditions caused by the severe storm. In the northern areas of Macklenburg, near the Baltic Coast, snow piled up as high as seven to nine feet, cutting off villages and townships.

Ausriß aus der *New York Times* vom
13. Januar 1968

Geburtsjahr 1820 genannt. Im März 1947 hatte die Englischlehrerin einen »jungen Mann in städtischem Zivil« in den Unterricht mitgebracht. In alphabetischer Reihenfolge wurden grammatikalische Fragen gestellt, Gesine Cresspahl sollte aber außer der Reihe jenes Gedicht auswendig aufsagen, das gerade portionsweise als

Handschriftliche Notiz Uwe Johnsons zu dem Artikel aus der
New York Times vom 13. Januar 1968

Hausaufgabe gestellt worden war. Sie sagt es dem angeblichen Englisch-Neulehrer auf, in der verräterischen Intonation, die ihr der Vater seit 1943 beigebracht hatte. Der war ein Jahr zuvor von einem sowjetischen Militärtribunal verurteilt und ins Lager Fünfeichen gesteckt worden. Zu spät hatte Gesine gemerkt, daß der Mann für den russischen Geheimdienst arbeitete. Mit dem Gedicht verbindet sich eine traumatische Empfindung. Sie fühlt sich schuldig, daß der Vater so lange im Konzentrationslager Fünfeichen inhaftiert und mißhandelt wurde.

Und wie wird diese Geschichte, deren Spur sich durch alle »Lieferungen« der *Jahrestage* zieht, von Marie an ihrem South-Ferry-Tag kommentiert? »Marie mag es nicht glauben, eben weil wir auf der Fähre einfahren nach Manhattan und gleich die Subway benutzen werden für den Weg an den Riverside Drive. Marie mißtraut Geschichten, die in allem zusammenpassen; so weit habe ich sie nun.«

Wie jede Leidenschaft ans Chaos grenzt, hatte Walter Benjamin geschrieben, als er seine Bibliothek auspackte, grenzt die Sammelleidenschaft ans Chaos der Erinnerung. In den Gesetzen, die der Sammler seiner Bibliothekslandschaft aufzwingt, setzt er diesem Chaos den Schein einer Ordnung entgegen. Marie mißtraut diesem Schein, der ihr »für wenn ich tot bin« aus Erinnerungen zusammengesetzt wurde. Sie will selbst Bescheid wissen. Stimmt denn die Geschichte? Wenn sie stimmt, dann kann Erinnerung erfahrbar gemacht und zur kollektiven Erinnerung werden.

Epilog

Ganz in der Nähe der großen Wandkarte von Mecklenburg und den alten gerahmten Karten und Stichen »seiner« Gegend hing ein Gedicht an der Wand im Wohnzimmer Uwe Johnsons. Er hatte es sich aus der *Frankfurter Allgemeinen Zeitung* vom 26. November 1982 ausgeschnitten und eingerahmt. Thomas Brasch hat es geschrieben. Es ist Uwe Johnson gewidmet:

Halb Schlaf

Für Uwe Johnson

Und wie in dunkle Gänge
mich in mich selbst verrannt
verhängt in eigene Stränge
mit meiner eigenen Hand:

So lief ich durch das Finster
in meinem Schädelhaus:
Da weint er und da grinst er
und kann nicht mehr heraus.

Das sind die letzten Stufen,
das ist der letzte Schritt,
der Wächter hört mein Rufen
und ruft mein Rufen mit

aus meinem Augenfenster
in eine stille Nacht:
zwei rufende Gespenster:
eins zittert und eins lacht.

Dann schließt mit dunklen Decken
er meine Augen zu:
Jetzt schlafen und verstecken
und endlich Ruh.

Abbildungsnachweise